Katrin Gerlach

# Lass gut sein!

*Konflikte verstehen und lösen*

Impressum

© 2017 Katrin Gerlach

Umschlaggestaltung, Illustration: Katrin Gerlach
Lektorat, Korrektorat: Nicki Pawlow, Katrin Gerlach

Verlag: tredition GmbH, Halenreie 42, 22359 Hamburg

ISBN Taschenbuch: 978-3-7439-6143-2
ISBN Hardcover: 978-3-7439-6144-9
ISBN e-Book: 978-3-7439-6145-6

Bibliografische Information der Deutschen Nationalbibliothek:
Die Deutsche Nationalbibliothek verzeichnet diese Publikation in der Deutschen
Nationalbibliografie; detaillierte bibliografische Daten sind im Internet über
http://dnb.d-nb.de abrufbar.

*"Es liegt in des Menschen eigener Hand,*

*ob er sich ins Graue oder Schöne verbannt."*

Nico Werner

# Inhaltsverzeichnis

# Vorwort

Als ich vor mehreren Monaten gefragt wurde, ob ich Interesse daran habe, ein Buch zu veröffentlichen, war mein erster Gedanke: „Da bin ich raus, das kann ich nicht." In den folgenden Wochen ließ es mir jedoch keine Ruhe und in mir reifte die Erkenntnis: „Ich möchte es! Ich tue es!"

In meiner 20-jährigen Tätigkeit als Kommunikations-, Verhaltenstrainerin und Coach bin ich so vielen Menschen begegnet, deren größtes Anliegen war, einen bestehenden Konflikt zu lösen. Selbst in Seminaren und Trainings zu anderen Themen kamen wir oft in irgendeiner Form auf eine Auseinandersetzung zu sprechen. Und meine Teilnehmer/Innen und Klienten/Klientinnen brauchten Lösungen. Auch ich selbst steckte nicht nur einmal in meinem Leben in einem Konflikt fest. So war es nur logisch, dass ich mich aus beruflichen, wie auch aus privaten Interessen auf die Suche nach Lösungsmöglichkeiten begab. Dabei stellte ich fest, dass ich, wenn ich einen Konflikt lösen möchte, zuerst diesen und mein Gegenüber verstehen muss. Ich begab mich auf eine Reise in die Literatur und in die Praxis. Mir war bewusst, dass ich vieles ausprobieren musste und nicht nur Theoretikerin bleiben durfte. Dafür gab es in meiner Arbeit mehr als genug Chancen. Schnell kristallisierte sich heraus, was anwendbar und erfolgversprechend ist und was eher in die Kategorie „unnütz und schädlich" gehört. So entstand die Idee, dieses Buch zu schreiben und Dir wichtige Erkenntnisse aus Theorie und Praxis mit auf Deinen Weg zu geben.

Ja, ich spreche Dich mit Du an und hoffe, Du kannst es annehmen. Zum einen geht es hier um wichtige Themen, die Dich persönlich betreffen, Dich berühren und in Dein Leben eindringen werden. Ich finde, dazu braucht es Nähe und Vertrauen. Ein solches Klima möchte ich hier schaffen. Zum anderen verstehe ich dieses Buch als einen Brief an Dich, zugegebenermaßen einen etwas längeren. Ich möchte Dir von meinen Erfahrungen berichten, Dich auf eine Erkenntnisreise mitnehmen und Dir helfen, Dein Leben besser zu verstehen. Ich wünsche mir, dass ich Dir in schwierigen Momenten und bei der Bewältigung von Konflikten jedweder Art helfen kann.

Vielleicht liest Du dieses Buch, weil Du mehr über die Entstehung und Bewältigung von Konflikten erfahren möchtest. Oder Du liest das Buch, weil Du gerade einen Konflikt bewältigen musst und Du suchst nach Anleitung und Hilfe. Beides ist möglich. Manchmal wirst Du das Buch beiseitelegen, weil Du einiges erst verarbeiten möchtest. Du wirst Dich sicher auch in der einen oder anderen Situation selbst erkennen. Das ist gut so, denn wir alle sind ja Menschen und keine Maschinen. Hin und wieder wirst Du vielleicht auch schmunzeln. Das hoffe ich sehr, denn die Konflikte und die daraus entstehenden Probleme nehmen uns oft genug Freude und Leichtigkeit. Solltest Du gerade in einer scheinbar ausweglosen Konfliktsituation festhängen, so kann ich Dir aus eigener Erfahrung sagen: Es gibt immer mindestens einen Weg, diese(n) Knoten zu lösen! Mein Herzenswunsch ist es, Dir zu zeigen, wie das verlässlich funktionieren kann und Dir so wieder ein Lächeln ins Gesicht zu zaubern. Wenn das gelingt, hat mein Buch seine Aufgabe mehr als erfüllt: Daran mitzu-wirken, dass unsere Welt ein wenig besser und friedlicher wird.

In dem Sinne, sei neugierig, lerne, setze um und habe Spaß am Lesen.


Deine Katrin

# 1 Grundlagen

## 1.1 Neurologische Grundlagen der Emotionen

### 1.1.1 Wichtige Daten

Bevor ich in das Thema einsteige, möchte ich Dich darauf hinweisen, dass das erste Gesamtkapitel durch die neurologischen Inhalte viele Fachwörter enthält. Lass Dich dadurch nicht verunsichern. Später werde ich auf Fachbegriffe weitestgehend verzichten.

Jetzt lass uns starten: Zu allererst ist es wichtig zu wissen, wie negative Emotionen überhaupt entstehen. Wenn Du das weißt, wirst Du schon eine Menge Situationen aus Deinem Leben besser verstehen. Kommen wir also zu ein paar neurologischen Hintergründen für Emotionen und beginnen in unserem Gehirn.

Zunächst ein paar Eckdaten zum Gehirn:

- Unser Gehirn besteht aus 100 Milliarden Gehirnzellen

- Es gibt 70 bis 100 Trillionen Verknüpfungen

- Die Länge der Nervenbahnen beträgt 5,8 Millionen Kilometer, das entspricht dem 145-fachen des Erdumfangs.

Beeindruckend, nicht wahr? Und natürlich sind extrem viele Gehirnzellen für das Entstehen von Emotionen verantwortlich. Du denkst jetzt sicher: Kein Wunder, dass ich bei meinen Emotionen manchmal nicht durchblicke und dass immer wieder im Zusammenspiel mit anderen Menschen Reibereien entstehen können! Richtig? Ich kann Dich jedoch beruhigen, es entstehen ja erfahrungsgemäß auch positive Emotionen.

Schauen wir uns zuerst ein Beispiel aus der Praxis an, an dem ich Dir dann den Hintergrund erkläre. Stell Dir vor, Dein Chef ruft Dich an und sagt: „Kommen Sie bitte sofort in mein Büro!" Du erschreckst ggf. erstmal und gehst sofort los. Auf dem Weg dahin können zwei Sachen eintreten. Entweder fällt Dir ein, dass Du ihn gebeten hast, zeitnah mit Dir über eine Präsentation zu sprechen. Oder aber Deine Knie schlottern beim Betreten seines Büros immer noch und Du hast einen trockenen Mund. Was passiert nun in beiden Fällen in Deinem Gehirn?

## 1.1.2   Wie spontane Emotionen entstehen

Wir nehmen über unsere fünf Sinne ein Geschehen wahr. Diese Nachricht wird im Gehirn zuerst an den Thalamus weitergeleitet. Der Thalamus ist zum einen der Wächter, der entscheidet, welche Emotionen für uns relevant sind und was für uns jetzt wichtig ist. Gleichsam ist er u.a. die Schaltzentrale im Gehirn, die entscheidet, wo die Informationen schlussendlich landen.

Wenn der Thalamus eine Information als wichtig erachtet, leitet er diese u.a. zum Präfrontalcortex, dem denkenden Gehirn, weiter und zwar den ausführlichen Teil der Information. Das denkende Gehirn liegt nebenbei bemerkt im vorderen Teil des Großhirns, womit der Spruch „Ein Schlag auf den Hinterkopf erhöht das Denkvermögen." widerlegt ist. Zurück zum Präfrontalcortex. In diesem Teil des Gehirns wird die Nachricht analysiert.

Das lassen wir jetzt vorerst so stehen und kommen zu dem Bereich im Gehirn, wo die Emotionen hauptsächlich angesiedelt sind. Im Zwischenhirn liegt das limbische System. Dieses ist für Emotionen, Antrieb und Lernen zuständig. Ein Areal im limbischen System ist die Amygdala oder auch Mandelkern genannt. Die Amygdala ist für uns von höchster Bedeutung, wenn es um die Entstehung von spontanen Emotionen, wie Wut oder auch Ekel geht. Nebenbei erwähnt, liegt dort auch ein großer Teil unseres emotionalen Gedächtnisses.

Nun fügen wir die drei Teile des Gehirns, den Thalamus, den Präfrontalcortex und die Amygdala (Du brauchst Dir die Begriffe nicht merken) zusammen. Der Thalamus, unsere Schaltzentrale, leitet die Information nämlich nicht nur an das denkende Gehirn weiter. Nein, ein dünner etwas ungenauerer Teil geht direkt an die Amygdala. Und dort entstehen schon die ersten Emotionen. Natürlich arbeitet das denkende Gehirn wie ein guter Kollege und leitet die analysierte Information etwas später ebenfalls an die Amygdala. Und jetzt wird es spannend.

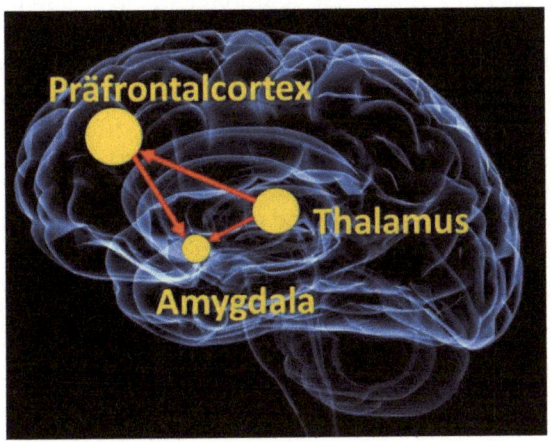

Sehen wir uns doch mal die Wege an: vom Thalamus über den Präfrontalcortex zur Amygdala oder vom Thalamus direkt zur Amygdala. Genau, der letzte Weg ist kürzer. Das heißt also, in der Amygdala sind bereits Emotionen entstanden, bevor die analysierte Nachricht dort eintrifft. Joseph LeDoux, ein Neurowissenschaftler, nennt diesen Weg übrigens „quick and dirty" – kurz und schlecht bzw. ungenau. Es sind bereits Emotionen entstanden, bevor Du über die Information wirklich

13

„nachgedacht" hast. Nur passen sie auch wirklich zu der Ausgangsinformation? Spannend, oder?

Kommen wir zurück zu unserem Beispiel mit dem Chef. Du hörtest die Information „Kommen Sie bitte sofort in mein Büro!". Natürlich lässt der Thalamus diese Information durch und leitet sie weiter. Während das denkende Gehirn noch analysiert und analysiert, hat sich die Amygdala schon ihr Urteil gebildet. Vielleicht ist das Wort „sofort" am stärksten zu ihr durchgedrungen und Dein emotionales Gedächtnis in der Amygdala verbindet mit diesem Wort „Attention! Attention!" Du bist verunsichert oder gar verängstigt, je nachdem, was abgespeichert ist. Auf dem Weg zum Büro ist auch die analysierte Information des Präfrontalcortex bei der Amygdala angekommen und die erinnert Dich an Deine Bitte, zeitnah mit dem Chef über die Präsentation sprechen zu können. Schon beruhigst Du Dich etwas. Wieso nicht sofort ganz, fragst Du Dich? Das hat mit den Hormonen zu tun, die bei einem Schreck sofort ausgeschüttet werden und sich nicht so schnell abbauen.

Und dann ist da noch eine zweite Option mit den schlotternden Beinen und dem trockenen Mund beim Betreten des Büros.


1.1.3    Die Refraktärzeit


Ja, was ist das schon wieder? Die Refraktärzeit ist „schuld" daran, dass die zweite Option ausgelöst wird. Sie ist die Zeit, in der die Gehirnzellen nach Auslösen eines Signals nicht in der Lage sind, neue Impulse zu verarbeiten. Deine Neuronen sagen bildhaft gesprochen „Stopp, es geht nichts mehr durch!" Vergleichbar mit einem vollen Kopf, in den nichts mehr reingeht. So ähnlich kannst Du Dir das vorstellen. Natürlich hat die Refraktärzeit auch ein Ende und dann kannst Du die Welt auch wieder anders sehen und die Emotionen und die Wahrnehmung Deiner Umwelt haben sich wieder korrigiert. Im streng neurologischen Sinne beträgt die Refraktärzeit nur wenige Millisekunden. Wir nennen sie jedoch umgangssprachlich auch die Zeit, in der wir wieder andere Reize wahrnehmen. Und sollten Deine Beine noch schlottern, wenn Du das Büro betrittst, bist Du einfach eher dort, als Deine Refraktärzeit beendet ist.

Was bestimmt jedoch die Länge unserer umgangssprachlichen Refraktärzeit? Zum einen kann unser Gegenüber ein Grund sein. Unsere Einstellungen und Erfahrungen mit dem Gegenüber spielen dabei eine große Rolle. Ist ein Mensch angenehme und liebevoll, verkürzt sich die Refraktärzeit rasch wieder, habe ich jedoch schon mehrfach verletzende Erfahrungen mit ihm gemacht, verlängert sie sich. Und ein weiterer wichtiger Faktor ist Dein Gesamtgemütszustand. Je besser es Dir emotional geht, umso kürzer ist die Refraktärzeit.

Da dies alles keine bewusst steuerbaren Abläufe sind, könntest Du Dich natürlich zurücklehnen und bei unberechtigter Wut oder unberechtigtem Ausraster sagen „Meine Amygdala ist schuld!" Nur gestaltet sich das im wahren Leben nicht immer so einfach. Die zwischenmenschliche Art der Kommunikation wird darunter leiden. Wichtig ist an dieser Stelle nur, dass Du weißt, was in Deinem Kopf passiert, damit Du Dich dem nächsten Thema zuwenden kannst.

## 1.2 Die Ratio

Nachdem wir uns nun die Emotionen angesehen haben, ist eine weitere wichtige Grundlage die Ratio.

Hast Du bei einem Konflikt schon mal von jemandem gehört: „Schalte doch einfach den Verstand ein!"? Und hast Du es getan? Und wenn Du es versucht hast, war es auch erfolgreich? Beim Lösen einer schwierigen Mathematikaufgabe hilft Dir der Verstand, wobei Du eine gewisse Motivation brauchst, um Dich hinzusetzen und diese knifflige Gleichung zu lösen. Und hier schon vorab, Motivation entsteht durch Emotionen, das bedeutet, so ganz ohne Emotionen war das Lösen der Aufgabe doch nicht möglich. Oder was meinst Du?

Bei zwischenmenschlichen Konflikten kommen wir mit rationalem Denken nur bedingt weiter. Zumal es auch so ist, dass die Emotio (der Überbegriff für alle Emotionen) die Ratio ab einer gewissen Stärke immer überdeckt. Ich möchte Dich zu einem kleinen Experiment einladen. Wenn jemand in Deiner Umgebung emotional sehr aufgebracht ist, egal ob positiv oder negativ, frage ihn bitte, wieviel 3 x 4 ist. Der Gesichtsausdruck Deines Gegenübers wird noch mehr entgleisen, glaube mir. Und die verbale Reaktion ist vorhersehbar. Er/sie wird Dich fragen, was das denn jetzt soll (was ja in der Situation nicht ganz unberechtigt ist). Genaugenommen sagt Dein Gegenüber Dir damit, dass er spontan nicht darauf antworten kann. Die starken Emotionen überlagern das logische Denken. Das ist evolutionär betrachtet auch sinnvoll. Wenn unseren Vorfahren ein wildes Tier zu nahekam, wäre es sicher tödlich gewesen, wenn unser Vorfahre erst einmal sämtliche mögliche Optionen, die es gibt, abzuklären versucht. Die Angst war zum Glück stärker und er ist um sein Leben gerannt. Ich persönlich bin über diesen Mechanismus sehr dankbar, wer weiß, ob es uns sonst heute geben würde.

Was ist bei einem zwischenmenschlichen Konflikt nun notwendig, um ihn zu lösen? Wie wir wissen, gibt es da die Emotionen. Angenommen diese sind mittlerweile etwas abgekühlt und Du möchtest das Ganze jetzt rational durchdenken. Du hast Dir eine Liste möglicher Ursachen für den Konflikt und Lösungsoptionen aufgeschrieben. Das ist gut und ein wichtiger Aspekt beim Lösen von Problemen. Jetzt erinnere Dich bitte an Deinen letzten Konflikt. Vergegenwärtige Dir, was passiert ist. Schließe die Augen und versetze Dich zurück in die Situation. Wie fühlt sich das an? Bedenke dabei, dass Deine Gedanken sehr subjektiv sind, weil sie emotional geprägt sind. Selbst wenn Du gar nicht bewusst eine Emotion wahrnimmst, fühlst Du beim Denken von verschiedenen Möglichkeiten etwas in Deinem Körper (daher ist es hilfreich, die Augen geschlossen zu halten). Und da haben wir es wieder. Du nimmst Regungen im Körper wahr. Das sind somatische, also körperlich manifestierte Emotionen. Das Gleiche passiert Dir, wenn Du Lösungsoptionen suchst. Auch dort zeigt Dir Dein Körper, was er gut findet und was nicht. Kannst Du mir da zustimmen?

Was genau passiert da? Jede emotionale Reaktion, die Du in Deinem Leben positiv wie negativ durchlebt hast, ist im emotionalen Gedächtnis gespeichert und wird körperlich manifestiert. Antonio R. Damasio nennt diese Manifestationen somatische Marker. Und all unsere Gedanken sind eng mit diesen somatischen Markern verbunden. Denke jetzt beispielsweise mal an das Wort „Frühling". Spürst Du, was ich meine? Dabei ist vollkommen egal, was Du spürst. Wenn Du mit dem Frühling positive Emotionen verbindest, reicht nur der Gedanke dazu aus, um diese körperlich spürbar zu machen. Oder denke an das Wort „Finanzamt" oder an das Wort „Weihnachten". Alles klar?

Zurück zu unserem logischen Lösen von Konflikten. Meinst Du jetzt noch, dass das möglich ist? Sicher nicht. In unserem Gehirn gibt es neben den bereits erwähnten Arealen sehr viel mehr, in denen Emotionen entstehen. Daneben gibt es ebenso viele

Areale, die eine reine Information ganz leidenschaftslos wahrnehmen. Und nur das Zusammenspiel beider Bereiche kann zu einer Lösung führen. Hinzu kommt noch ein Aspekt: Haben wir die eine oder andere mögliche Konfliktlösung gefunden, heißt es jetzt zu entscheiden, welche für uns die beste ist. Dafür gibt es in unserem Gehirn im Präfrontalcortex einen weiteren Bereich, der jetzt aktiviert wird. Dieser Teil des Präfrontalcortexes spielt bei der Konfliktlösung eine große Rolle. Welch hohen Stellenwert dieser Bereich einnimmt, zeigt der sehr dramatische Fall des Phineas Gage. Phineas Gage lebte im 19. Jahrhundert, war sehr intelligent und emotional sehr kompetent, wie wir es heute ausdrücken würden. Bei einem Unfall durchdrang eine Stange sein Gehirn. Sie trat an der Wange ein und aus dem Oberschädel aus. „Faszinierend" dabei war, dass er weder bewusstlos wurde, noch motorische oder sprachliche Einschränkungen hatte. Das Tragische war, dass ein Bereich im Präfrontalcortex beschädigt wurde, der u.a. für Entscheidungen zuständig ist. Das Leben des Phineas Gage nahm eine traurige Wendung. Obwohl sein Intellekt immer noch sehr gut funktionierte und das Lösen mathematischer Aufgaben keinerlei Herausforderungen für ihn darstellte, war er nicht mehr in der Lage, ein sozial angepasstes Leben zu führen. Kleinste Entscheidungen waren für ihn nicht mehr möglich. Das Gefühl für andere und die angepassten Verhaltensweisen, entsprechend den damaligen gesellschaftlichen Normen, hatte Phineas Gage vollkommen verloren. Er war kurz gesagt alleine nicht mehr *normal* lebensfähig. Diese menschliche Tragödie hatte nur eine positive Seite. Zum ersten Mal in der Geschichte, wurde den Wissenschaftlern klar, welche immense Bedeutung das Fühlen, das Denken und das Treffen von Entscheidungen für das soziale Miteinander hat, natürlich und in großem Maße auch für das Lösen von Konflikten.

Zusammenfassend lässt sich sagen: Mit der reinen Ratio wirst Du ein Problem nicht lösen können. Wirkt das auf Dich deprimierend? Auf mich wirkte es damals so. Fragte ich mich doch, wieso soll ich mir dann soviel Wissen aneignen, wenn es mir bei den einfachen Herausforderungen dieser Welt nur bedingt hilft. Doch ich irre. Es hilft! Je mehr Wissen Du hast, umso mehr Entscheidungsoptionen kennst Du, nicht nur bei zwischenmenschlichen Konflikten.

Bei diesen hilft verstehendes Wissen dabei, die Situation emotional anders zu bewerten und empathischer zu werden. Der Konflikt wirkt häufig nicht mehr so bedrohlich, also mit negativen Emotionen assoziiert. Damit werden so manche Konflikte nicht nur kleiner, manche lösen sich schneller auf oder entstehen erst gar nicht. Das finde ich persönlich schon großartig! Es lebt sich ruhiger und glücklicher! Und sich Wissen anzueignen, bedeutet im Vorfeld neugierig zu sein, eine positive Emotion, die für das Lernen eine Grundvoraussetzung ist. Also bleib neugierig, es macht glücklich. Nur Vorsicht! Wenn Du vor lauter Neugier alles wissen willst, was Dein(e) Partner/In macht, dann wird Dir die Neugier wohl wenig Glück bringen. Dann wird die Neugier zu einer störenden Emotion. Alles hat seine zwei Seiten. Und negative Emotionen haben einen enormen Anteil an Konflikten. Positive Emotionen fördern die Lösung, negative verhindern sie und erzeugen den Konflikt.

Zusammengefasst heißt es: Sofern die Emotio etwas abgekühlt ist und die Ratio wieder ein Wort mitzusprechen hat, ist ein Konflikt lösbar.

# 2 Konfliktauslöser

## 2.1 Kommunikation – Fluch und Segen

Natürlich darf in diesem Buch das Thema „Kommunikation" nicht fehlen, gehört es doch zu den Grundlagen, wenn es darum geht, Konflikte zu verstehen.

Was an dieser Stelle wichtig ist: Wir verfügen nicht nur über eine verbale Kommunikation, sondern auch über eine nonverbale. Ja, ich weiß, das ist Dir sicher bekannt. Nur weißt Du auch, wie diese Anteile gewichtet sind? Was meinst Du, wie hoch ist der Anteil der nonverbalen Kommunikation? Hierrüber streiten sich die Geister bis heute. Einige behaupten, er liege bei ca. 80%, andere reden gar von 93%. Du kannst Dir gerne aus Deinem Erfahrungshintergrund eine Zahl dazwischen aussuchen. Ich tendiere zu den 93%. Den größten Teil der nonverbalen Kommunikation nehmen wir nicht bewusst wahr und können diesen auch nicht bewusst steuern. Natürlich sind wir imstande, durch Lernen einen höheren Anteil ins Bewusstsein zu übernehmen und auch einen höheren Anteil bewusst steuern.

Welche Form der Kommunikation ist nun wohl die ehrlichere? Was meinst Du? Natürlich, die nonverbale. Dieser glauben wir unbewusst mehr. Stelle Dir vor, ein Mensch steht Dir gegenüber, schenkt Dir eine Rose und sagt gleichzeitig zu Dir „Lass mich in Ruhe!" Welcher der beiden Aussagen schenkst Du mehr Glauben? Sicherlich der Rose. Die Worte verunsichern Dich natürlich und das ist auch normal Jedoch wird der Rose, emotional betrachtet, die höhere Wertigkeit beigemessen. Und dennoch wird Dich die gesamte Situation irritieren. Hast Du eine Idee, woran das liegt? Ja genau: An der Gegensätzlichkeit der vermittelten Informationen.

Wenn meine Mutter uns Kinder aufheitern wollte, sagte sie uns immer das folgende Gedicht auf:

*„Dunkel war´s, der Mond schien helle, als ein Auto blitzeschnelle langsam um die Ecke fuhr. Drinnen saßen stehend Leute,*

*schweigend im Gespräch vertieft, als ein tot geschossener Hase auf dem Sandberg Schlittschuh lief.*" Wir mussten stets über die verrückten Verse lachen und konnten nicht genug davon kriegen. Sicher wirst auch Du schmunzeln, weil wir es hier mit einer extremen Übertreibung zu tun haben. Und Übertreibung führt glücklicherweise häufig dazu, dass wir etwas nicht mehr ernst nehmen können.

Zurück zu unserem Beispiel mit der Rose. Uns werden, auf welchen Kanälen auch immer, höchst gegensätzliche Informationen übermittelt. Verunsichert Dich das? Falls ja, dann bist Du normal. Es passiert oft, dass wir, wenn auch in abgeschwächter Form, zwei gegensätzliche Informationen erhalten. Meistens eine direkt und die andere etwas verschleiert. Das führt bei uns zu Verunsicherung in der Situation und gegenüber dem Sender. Unsere innere Ordnung wird gestört. Das bedeutet Stress! Denn wir Menschen benötigen immer eine innere Ordnung der Informationen. Wenn diese nicht gegeben ist, sind wir verunsichert oder bekommen Angst – die perfekte Vorrausetzung für einen Konflikt. Ein Beispiel, dass Dir diese Zweideutigkeiten zusätzlich verdeutlicht: Ein Mann äußert bei einem gemeinsamen Essen mit Freunden, wie stolz er über die Erziehungsmethoden seiner Frau ist. Wieder zu Hause, beichtet ihm sein Sohn, dass er eine 5 in Physik bekommen hat. Daraufhin wirft der Mann seiner Frau vor, dies sei ja kein Wunder, bei ihren Erziehungsmethoden könne der Junge ja nicht genug lernen.

Bei diesem Beispiel sind zwar noch ganz andere Konflikthintergründe interessant, ich möchte mich jedoch hier nur diesem häufig auftretenden Gegensatz von Aussagen in einem sehr kurzen Abstand widmen. Genau das Widersprüchliche ist es nämlich, was Dich verunsichert.

Ein weiteres Bespiel zeigt eine etwas verborgene Gegensätzlichkeit, der wir auch häufig begegnen. Stell Dir vor, Du erzählst einem engen Freund, dass Du von einer dritten Person sehr verletzt wurdest. Dein Freund zeigt Dir ganz offen sein Mitgefühl und teilt Dir sein Entsetzen darüber mit. Eine Weile später trefft Ihr beide diese dritte Person, die Dich so gekränkt hat. Dein Freund begrüßt diese Person freudig, unterhält sich locker mit ihr über Gott und die Welt. Wie fühlst Du Dich dann wohl? Verunsichert? Im Stich gelassen? Oder gar belogen? Das kann sein. Bei den angegebenen Gefühlsfacetten ist sicher keine dabei, die Dich in ein angenehmes stimmiges Wohlgefühl versetzt, nicht wahr? Auch solcherlei Dinge sind gemeint, wenn wir von gegensätzlicher Kommunikation sprechen. Die große Frage dahinter lautet: Wieso tun Menschen so etwas? Es gibt drei wesentliche Gründe:

Zum einen kann es sein, dass sie wirklich weh tun wollen. Es kann jedoch genauso sein, dass gegensätzliche Informationen aus unterschiedlichen Kontexten heraus entstehen. Vielleicht ist der Mann aus unserem ersten Bespiel wirklich stolz darauf, wie seine Frau den Sohn erzieht. Das kann zum größten Teil vollkommen ernst gemeint sein. Nicht jedoch in einem Punkt, nämlich das Lernverhalten des Sohnes betreffend, hiermit scheint er unzufrieden zu sein.

Unser zweites Beispiel: Vermutlich befindet Dein Freund sich in Bezug auf Dich und die andere Person, die Dich verletzt hat, in zwei unterschiedlichen Beziehungswelten. In dem Kontext zu Dir, steht er ganz klar auf Deiner Seite und versteht Dich. Er hat jedoch in Bezug auf die andere Person ein völlig anderes Beziehungsverhältnis, dass nichts mit Dir zu tun hat. In diesem Fall ist das positive Auftreten gegenüber dieser Person nicht gegen Dich gerichtet. Das ist wichtig zu wissen!

Was heißt das jetzt für Dich? Schärfe Deine bewusste Wahrnehmung und höre zu. Wenn Dir gegenüber widersprüchliche Botschaften geäußert werden, melde dies Deinem Gesprächspartner zurück, bleibe dabei in der Ich-Botschaft (das heißt, rede in Ich-Form) und trau Dich, Deine Verunsicherung anzusprechen. Gefühle anzusprechen, beweist Deine Stärke. Beobachte das Verhalten Deines Gegenübers genau. Damit meine ich nicht seine Worte, sondern wirklich sein Verhalten. Lerne auch zu akzeptieren, dass Dein Gegenüber auch ein Recht darauf hat, seinen Kontakt mit anderen Menschen, unabhängig von Deinem Verhältnis zu ihnen, selbst zu gestalten. Ich weiß, das ist nicht immer leicht. Doch auch hierbei hilft eine Sache besonders gut: Miteinander reden. Und wenn Du sicher weißt, Dein Gegenüber meint es nicht gut mit Dir, dann gehe. Ich weiß, leichter gesagt, als getan. Doch wenn Du bleibst, tust Du Dir selbst keinen Gefallen. Und ich wünsche mir ja für Dich, dass Du strahlend durch die Welt läufst.

### 2.1.1 „Man kann nicht nicht kommunizieren"

Diese Aussage gehört zu einem der 5 Axiome der Kommunikation von Paul Watzlawick. Und es hört sich wahrscheinlich auf den ersten Blick etwas konfus an, ist jedoch ganz einfach zu begreifen. Wir stehen immer kommunikativ in Kontakt mit anderen. Sonnenklar ist das natürlich, wenn wir miteinander reden. Logisch! Doch auch wenn wir nicht miteinander reden, kommunizieren wir miteinander. Ein einfaches Beispiel: Du läufst durch die Straßen Deines Wohnortes, den Blick nach vorn gerichtet und bist in Gedanken versunken. Die Menschen, die an Dir vorbeilaufen, nimmst Du nicht wahr. Bereits damit kommunizierst Du. Du sendest die Botschaft aus, dass Du gerade keinen Kontakt mit anderen Menschen haben möchtest. Meistens kein Problem, besonders wenn Du in einer Großstadt lebst. Direktes Konfliktpotenzial kann in kleineren Orten entstehen, wo jeder jeden kennt. Wenn Du dort gedankenverloren durch die Weltgeschichte läufst und einen Bekannten übersiehst und nicht grüßt, kann das schon Verwirrung oder Ärger bei der Person auslösen. Dazu fällt mir eine wunderbare Geschichte von Paul Watzlawick ein:

*Die Geschichte mit dem Hammer*

*Ein Mann will ein Bild aufhängen. Den Nagel hat er, nicht aber den Hammer. Der Nachbar hat einen. Also beschließt unser Mann, hinüberzugehen und ihn auszuborgen. Doch da kommt ihm ein Zweifel: Was, wenn der Nachbar mir den Hammer nicht leihen will? Gestern schon grüßte er mich nur so flüchtig. Vielleicht war er in Eile. Vielleicht hat er die Eile nur vorgeschützt, und er hat was gegen mich. Und was? Ich habe ihm nichts getan; der bildet sich da etwas ein. Wenn jemand von mir ein Werkzeug borgen wollte, ich gäbe es ihm sofort. Und warum er nicht? Wie kann man einem Mitmenschen einen so einfachen Gefallen abschlagen? Leute wie dieser Kerl vergiften einem das Leben. Und dann bildet er sich noch ein, ich sei auf ihn angewiesen. Bloß weil er einen Hammer hat. Jetzt reicht´s mir wirklich. - Und so stürmt er hinüber, läutet, der Nachbar öffnet, doch bevor er "Guten Tag" sagen kann, schreit ihn unser Mann an: "Behalten Sie Ihren Hammer".*

*(Paul Watzlawick „Anleitung zum Unglücklichsein" S. 37)*

Was will ich Dir damit zeigen? Eine Kleinigkeit, in dem Fall das Nichtgrüßen des Bekannten, kann für uns zu einem ernsthaften Konflikt werden. Spinnen wir die Geschichte mal weiter: Was mag jetzt wohl der Bekannte denken? Und wie wird er reagieren? Die harmloseste Variante ist, dass er denkt, Du hast offen-sichtlich einen schlechten Tag und ignoriert es. Das wäre auch sinnvoll. Wenn er allerdings empört reagiert, kann ein kleines Nicht-Grüßen zu einem ernsthaften Konflikt führen.

Im Zeitalter der virtuellen Kommunikation wird das o.g. Axiom immer wichtiger. Du kennst das sicher: Du sendest jemandem eine Nachricht und er/sie antwortet eine gefühlte Ewigkeit nicht. Und in Deinem Kopf beginnt es zu rattern. Wieso antwortet er/sie denn nicht. Diese Ignoranz ist doch eine Frechheit! Und schon steigerst Du Dich so richtig hinein und es kann durchaus sein, dass Du, wenn er/sie sich dann meldet, so wütend bist, dass Du sehr distanziert reagierst oder gar einen Streit vom Zaun brichst. Wie meinst Du, fühlt sich Dein Gegenüber dabei. Sicher auch nicht gut. Auch so eine Lappalie kann wiederum zu einem Konflikt führen. Dabei gibt es doch tausend Gründe, wieso er/sie sich nicht früher zurückgemeldet hat. Aus eigener Erfahrung rate ich Dir: Bleib bitte entspannt. Es lebt sich so wirklich viel ruhiger. Und sollte es wirklich mit Dir als Person zu tun haben, dann wirst Du es sicher auf andere Weise bemerken. Und damit kommen wir zum nächsten Thema.

## 2.1.2    Die vier Seiten einer Nachricht

Das Kommunikationsmodell von Friedemann Schulz von Thun ist dem einen oder anderen sicher geläufig. Es gehört, betrachtet mit dem Hintergrund, Konflikte zu verstehen, einfach dazu. In meinen Seminaren erlebe ich immer wieder eine Vielzahl von Aha-Erlebnissen bei den Teilnehmern und Teilnehmerinnen. Daher kann ich Dir sehr ans Herz legen: Lerne es kennen, sollte es Dir noch nicht bekannt sein! Lerne dazu, wenn es Dir bekannt ist!

In seinem Modell geht Schulz von Thun davon aus, dass wir ein und dieselbe Aussage auf vier verschiedenen Ebenen (er nennt es auch vier verschiedene Ohren) aufnehmen können. Ich möchte es Dir an einem einfachen Beispiel erklären. Eine Frau sitzt in der Küche. Ihr Mann kommt rein, geht an den Kühlschrank und sagt zu seiner Frau „Die Milch ist alle." Wie kann die Frau diese Aussage nun aufnehmen? Zum einen auf der *Sachebene.* Sie hört einfach die sachliche Information, dass die Milch alle ist.

Sie reagiert dementsprechend sachlich. Sie kann es ebenso auf der *Appellebene* hören. Dann versteht sie die Aussage als eine Aufforderung: „Kauf Milch!" Ihr Empfinden wird so sein, dass sie entweder ohne negative Emotionen in den nächsten Supermarkt fährt und Milch holt oder ihrem Mann sagt, dass sie später Milch kauft. Eine weitere Möglichkeit der Wahrnehmung ist die *Selbst-offenbarungsebene*. Auf dieser Ebene hört die Frau in dieser Aussage, dass ihr Mann gerne Milch trinken möchte oder Durst hat. Ihre Reaktion ist sehr empathisch. Sie kann ihrem Mann beispielsweise anbieten, doch etwas anderes zu trinken oder auch sagen: „Sorry, ich habe nicht daran gedacht, Milch zu kaufen" ist möglich. Die vierte Ebene ist die *Beziehungsebene*. Hier nimmt die Frau die Aussage „Die Milch ist alle." als Vorwurf auf und reagiert dementsprechend gereizt.

Diese vier Ebenen sind permanent aktiv. Und es gibt natürlich auch gute Gründe, wieso bei uns die eine oder andere Ebene „anspringt". Da sind zunächst einmal die nonverbalen Signale, wie z.B. der Tonfall, Mimik und Gestik. Ein weiterer Grund ist die Verfassung des Hörers. Nicht nur die momentane Verfassung, in der einen schon die Fliege an der Wand stört, sondern auch die allgemeine. Mit der allgemeinen Verfassung meine ich, auf welchem Ohr der Angesprochene am liebsten hört. Teste das doch mal selbst. Es ist für das Verstehen von Konflikten sehr wichtig, sich gut zu kennen. Wenn Du beispielsweise ein sehr emotionaler Typ bist, wirst Du Dich zwar über viele Sachen sehr freuen können, bist jedoch auch schnell angreifbar und emotional verletzt. Das macht es für Dich nicht leichter. Meist ist Dein Beziehungsohr auf Empfang und Du nimmst Dir alles schnell zu Herzen. Darin liegt ein hohes Konfliktpotenzial.

Weiterhin ist das Verhältnis zwischen den Gesprächspartnern von Bedeutung. Und zwar das generelle Verhältnis und das situative Verhältnis. Mit generellem Verhältnis meine ich, wie die Gesprächspartner generell zueinanderstehen. Wenn unser Ehepaar kurz vor der Scheidung steht, ist die Wahrscheinlichkeit, dass sie die Aussage als Vorwurf hört, größer, als wenn es sich um eine normale Beziehung handelt.

Mit dem situativen Verhältnis ist gemeint, wie die Gesprächspartner genau in diesem Moment zueinanderstehen. Stell Dir vor, sie hatten einen wunderbar romantischen Abend und morgens sagt er ihr, dass die Milch alle ist. Ich vermute, sie wird seine Worte völlig entspannt aufnehmen. Was ist nun jedoch, wenn sie an dem Abend zuvor einen großen Streit hatten und das erste, was er nach dem Streit morgens zu ihr sagt ist „Die Milch ist alle." Ich möchte mir ihre Reaktion gar nicht ausmalen. Auf alle Fälle halte ich die Wahrscheinlichkeit, dass er Milch bekommt, für sehr gering, oder wie siehst Du es?

Du merkst schon, da gibt es einiges an Konfliktpotenzial. Schauen wir es uns nun etwas genauer an. Wenn diese vier Ebenen geradlinig verlaufen, also Sachebene trifft Sachebene, Appellebene trifft Appellebene usw., läuft alles gut. Selbst wenn Beziehungsebene auf Beziehungsebene trifft, kann es halbwegs in Ordnung sein. Wieso nur halbwegs fragst Du Dich? Wenn beispielsweise ein Kompliment auch als Kompliment ankommt, ist die Welt in Ordnung. Wenn ein Vorwurf jedoch auch als Vorwurf ankommt, dann ist das für den Sender zwar okay, für den Empfänger hingegen sicher nicht.

Was passiert jedoch, wenn es zu Verkreuzungen kommt, d.h. der Sender spricht das Beziehungsohr an und der Empfänger nimmt es auf einer anderen Ebene wahr? Es führt zu Verwirrungen bis hin zu Konflikten. Wenn Dich beispielsweise jemand verletzen möchte, also Dein Beziehungsohr anspricht und Du nimmst das auf der Sachebene, also emotionslos, hin, dann hat der Sender ein Problem. In diesem Fall sag ich einfach „Alles richtig gemacht. Du kannst stolz auf Dich sein!" Niemand, wirklich niemand hat das Recht, Dich zu verletzen. Wenn Dein Gegenüber Dich verletzen möchte und Du reagierst emotionslos, dann wirkt das wie ein Bumerang, der direkt zum Sender zurückfliegt. Und das ist in Ordnung, denn dann ist es nicht mehr Dein

Problem. Unangenehmer ist schon folgende Situation: Die Frau sagt zum Mann „Ich liebe Dich!", der Mann sagt „Ich weiß." Schon mal erlebt oder gehört? Dann wirst Du jetzt sicher schmunzeln. Auch hier ging die Nachricht ans Beziehungsohr und wurde auf dem Sachohr wahrgenommen. In dem Fall ist das für die Senderin sehr unangenehm.

Es kann jedoch auch sein, dass der Sender eine Nachricht an das Sachohr übermitteln möchte und der Empfänger es auf einem anderen Ohr empfängt. Z.B. gibt der Sender dem Empfänger einen Hinweis: „Der Kaffee ist alle." Hört der Empfänger das auf dem Beziehungsohr und reagiert zum Beispiel mit „Ist das etwa meine Schuld?", wird es wohl zu einer Auseinandersetzung kommen, denn der Sender ist irritiert. Er nimmt die Antwort auch auf dem Beziehungsohr wahr und schon haben wir wieder genug Stoff für einen kleinen Konflikt, manchmal auch für einen größeren.

Nimmt der Empfänger die Aussage „Der Kaffee ist alle." auf dem Appellohr wahr, dann wird er sicher sofort neuen Kaffee kochen. Das führt nicht gleich zum Konflikt. Wenn es jedoch eher eine einfache Feststellung war und der Empfänger in jeder Situation gleich „springt", kann das den Sender auf Dauer auch nerven. Es sei denn, er ist ein „Pascha", dann hat er seine Worte jedoch bewusst ans Appellohr gerichtet. Sicher kennst Du solche Menschen. Und wenn der Empfänger dann mal nicht springt, es also auf dem Sachohr wahrnimmt, kann es schon wieder zu einer Auseinandersetzung kommen.

Und jetzt zum Appellohr – Sachohr-Dilemma. Stell Dir folgendes vor: Die Frau sagt zum Mann „Der Mülleimer ist voll." (Gehen wir mal davon aus, dass es in dem Haushalt Aufgabe des Mannes ist, den Müll zu entsorgen.). Der Mann erwidert: „Ja." Die Frau denkt: Super, er hat es verstanden! Nach zwei Stunden ist der Müll noch immer im Eimer. Wieder spricht die Frau den Mann an, wieder sagt er „Ja." Wenn das noch einige Male passiert, wird die Frau wahrscheinlich wutentbrannt den Müll selber runterbringen. Was steckt dahinter? Die Frau hat das Appellohr des Mannes angesprochen. Eigentlich hätte sie sagen sollen: „Bring den Müll bitte raus!" Der Mann hat ihre Aussage auf dem Sachohr verstanden, also als reine Information und beschlossen, den Müll mitzunehmen, wenn er rausgeht. Und was haben wir wieder? Richtig, einen Konflikt.

Und wenn ich jetzt noch einmal darauf zurückkomme, dass dieses Modell immer präsent ist, wenn wir miteinander kommunizieren, (wie gesagt: wir können nicht nicht kommunizieren) kann ich mir schon vorstellen, dass ich Dich jetzt mit der Fülle an Konfliktpotenzialen etwas erschreckt habe. Das ist natürlich nicht meine Absicht und ich werde Dir daher hier gleich Lösungen anbieten.

Zum einen ist es ganz wichtig, nicht sofort aus der Haut zu springen, wenn Du auf dem Beziehungsohr eine vermeintliche Verletzung wahrnimmst. Vergegenwärtige Dir nochmal, was uns die Amygdala manchmal für Streiche spielt. Mein Vater sagte schon immer zu mir „In der Ruhe liegt die Kraft." Lass erstmal ein wenig Zeit vergehen und beruhige Dich. Nicht gleich zu explodieren, benötigt jedoch etwas Übung. Wenn es Dir gelingt, den Sender gleich zu fragen „Wie hast Du das gemeint?", kann ein möglicher Konflikt schnell gestoppt werden. Das ist die Ideallösung. Also: sprich Deine Verwirrung so schnell wie möglich an und reagiere auf Verletzungen nicht mit einer Gegenverletzung.

Wenn Du das Appellohr ansprechen möchtest, dann mach das bitte mit einem Aufforderungssatz. (Das Zauberwörtchen „bitte" bitte nicht vergessen. Dann hört es sich nicht gleich wie ein Befehl an.) Das richte ich besonders an meine Leserinnen. Denn wir Frauen neigen dazu, immer etwas sanfter zu kommunizieren. Es sei denn, Du bist eine Diva. Wobei ich denke, dass das nicht der Fall ist, denn dann hättest Du dieses Buch gar nicht erst in die Hand genommen.

Weiterhin ist wichtig, genau zuzuhören und zu beobachten. Es gibt neben Deiner spontanen Interpretation noch drei andere, wie Du gerade gelernt hast. Mit beobachten meine ich nicht nur die Situation, sondern auch den Menschen. Je besser Du Dein Gegenüber kennst, umso besser kennst Du auch seine Kommunikationsmuster.

Beobachte auch Dich! Wenn Du feststellst, dass Du ein sehr großes Beziehungsohr hast, dann nutze die Vorteile. Das heißt, freue Dich weiter über die schönen Dinge des Lebens und in der Kommunikation. Arbeite jedoch auch an Dir, damit Du vermeintliche Vorwürfe nicht immer als solche einstufst, sondern die Worte eher den anderen Ebenen zuordnest. Das ist sicher keine leichte Aufgabe, jedoch wie langweilig wäre denn das Leben, wenn alles leicht wäre. Und aus eigener Erfahrung kann ich Dir sagen: Dieses Lernen funktioniert. Früher war ich sehr schnell betroffen und beleidigt, heute bin ich viel gelassener (sagen auch meine Freunde). Und es geht mir gut damit. Fühle ich mich doch mal verletzt, dann habe ich meine Strategien, wie ich damit umgehen kann. Und Du kannst das auch!

## 2.2  Konfliktprovozierende Wörter

Kürzlich saß ich mit der Mitarbeiterin eines Unternehmens im Coaching. Sie klagte mir ihr Leid und ich fasste die erste Sequenz zusammen. Daraufhin entgegnete sie „Ja, das ist schon so, aber ..." Um ihr Problem genau zu eruieren, wiederholte ich ihre Aussage, die nach dem „aber" kam und stellte sie in den Raum. Die Reaktion darauf war wieder „Ja, das ist schon so, aber ..." Als Katrin dachte ich: Na das kann ja was werden! Als Coach war ich jedoch ganz entspannt und wechselte die Methodik. Wir kamen in dem Coaching (hört! hört!) tatsächlich einen Schritt weiter, natürlich zu dem Zeitpunkt immer noch mit „ja, aber..." Ich gebe zu, ich fühlte mich am Ende des Coachings vollkommen ausgesaugt.

Was zeigt diese Episode? Es gibt bestimmte Wörter, die uns glatt in den Wahnsinn treiben können, manche sofort, manche etwas versteckter. Und nicht selten führen diese Worte zu einem Konflikt. Sie werden auch Killerwörter genannt, denn sie beenden eine Kommunikation entweder sofort, wie ein „Nein" oder sie erschweren die Kommunikation und sorgen für inneren und später auch äußeren Unfrieden. Sicher hast Du in Deinem Leben schon Erfahrungen mit Killerwörtern gemacht. In Kommunikationstrainings gehört der Umgang mit ihnen unbedingt mit hinein. Dennoch begegnen mir immer wieder Menschen, die davon noch nie etwas gehört haben. Um dem etwas entgegenzuwirken, werde ich hier auf die wichtigsten konfliktprovozierenden Wörter eingehen.


### 2.2.1  „Nein!"

Jeder von uns hat sicher Verständnis dafür, dass ein Gegenüber auch mal „nein" sagen darf. Vielleicht denkst Du Dir jetzt gerade, ich kann ganz schlecht „nein" sagen. Keine Sorge, darauf kommen wir noch. Viele beherrschen das jedoch ganz gut. Nur lässt die Art und Weise manchmal zu wünschen übrig. Stell Dir vor, Du fragst eine Freundin/einen Freund, ob Ihr am Freitagabend was zusammen machen wollt und sie/er sagt einfach nur „nein". Das ist doch irritierend. Sofort fängt unser Kopfkino an zu laufen. „Was habe ich ihr/ihm denn getan?" Oder „Sie/er spinnt doch wohl, mich so abzufertigen!" Alles ist möglich. Dass unser Freund/unsere Freundin einfach einen schlechten Moment hat, kommt uns selten in den Kopf. Und das muss es auch nicht, denn ein so brüskes „Nein" wirkt einfach nur verletzend. Vielleicht denkst Du jetzt: Das würden meine Freunde so nie sagen. Dann gratuliere ich Dir, Du hast eine gute Auswahl bzgl. Deiner Freunde getroffen. Doch vergegenwärtige Dir mal unseren Alltag. Häufig begegnen uns Menschen im Supermarkt, auf Arbeit usw., die so reagieren. In einem Coaching mit einer „sonnigen" Mitarbeiterin hatte ich mal so einen Fall. Diese Frau schien nichts aus der Ruhe zu bringen, was ich natürlich bewundernswert fand. Doch eines Tages empörte sie sich im Coaching über eine Kollegin, die ihr die ganze Woche lang ihre Bitte bzgl. einer Zuarbeit immer wieder mit einem kurzen „Nein" abgeschlagen hatte. Diese sonst so ruhige und „sonnige" Mitarbeiterin war tief gekränkt: „Wenn die mir noch einmal mit „Nein" antwortet, dann kracht es hier richtig!" schimpfte sie. Ich konnte sie sehr gut verstehen, weil wir bei einem „Nein" immer einen Hintergrund benötigen, eine Erklärung. Ansonsten gelangt das „Nein" sehr häufig und nachvollziehbar ins Beziehungsohr (zumindest bei Menschen mit einem gesunden Selbstwertgefühl). Wenn in unserem obigen Beispiel die Freundin/der Freund nun gesagt hätte „Nein, ich bin an diesem Abend leider schon verplant.", haben wir eine Begründung und alles ist gut.

Für etwas heiklere oder schwierige Situationen eignet sich das *empathische „Nein-Sagen"* in drei Schritten:

1. Verständnis für den Wunsch des Gegenübers zeigen

2. „Nein" sagen in Verbindung mit einer Erklärung

3. Bitte um Akzeptanz oder Ausdrücken der eigenen Betroffenheit

Ein Beispiel dazu: Die unfreundliche Kollegin hätte sagen können: „Ich verstehe, dass du die Zuarbeit sofort benötigst. Ich kann sie dir erst in einer Stunde zur Verfügung stellen, da ich bis dahin eine wichtige Zuarbeit für den Chef bearbeiten muss. Bitte versteh das (oder „es tut mir leid")." Wer dann noch verletzt reagiert, hat ein eigenes Thema.

Auf diese Weise kannst Du immer „nein" sagen, ohne den anderen zu verletzen.

Sehen wir nun, wie Du reagieren kannst, wenn Dir gegenüber ein knappes „Nein" entgegnet wird. Bevor Du Dich ins Kopfkino stürzt, unterstelle dem anderen lieber, dass er ohne Dein Zutun genervt oder sehr gestresst ist. Dennoch hast Du immer die Möglichkeit nachzufragen. Bitte benutze dabei nicht die Worte: „Warum nicht?" Das macht die Situation nicht besser. Bitte eher freundlich um eine Erklärung. Wenn diese nicht kommt oder Du wieder einen unangebrachten Kommentar erhältst, darfst Du Dich auch umdrehen und gehen. Wenn ich Dir jetzt empfehle, einfach zu ignorieren, was gerade passiert ist, ist das wohl zu viel verlangt. Setze jedoch den Dimmer ein und reguliere emotional soweit runter, wie es Dir möglich ist. Oftmals kommt die „Nein"-sagende Person im Nachhinein auf Dich zu und entschuldigt sich. Wenn nicht, dann darfst Du Deine Kränkung auch ruhig zeigen. Damit setzt Du klare Grenzen. Die wirkungsvollste Methode ist Reden, jedoch auch ein dezentes Schweigen (Ausnahme) lässt Dein Gegenüber aufhorchen, wenn auf ein Gespräch nicht reagiert wird. Weitere Anregungen dazu findest Du unter dem Kapitel „Lösungswege".

## 2.2.2  „Ja, aber …!"

Wie fühlt es sich an, wenn Du diese zwei Wörter liest? Bekommst Du ein komisches Gefühl im Bauch? Das geht vielen so. „Ja, aber…" gehört mit zu den schlimmsten Killerwörtern.

Schauen wir, was dahintersteckt. Das „Ja" ist eine Bestätigung, die jedoch durch das „Aber" wieder ausgehebelt wird. Wenn der Chef zur Sekretärin sagt: „Sie machen ihre Arbeit gut, aber sie müssen noch schneller sein!" Was sagt diese Information aus? Genau, die Sekretärin soll schneller arbeiten. Baut diese Aussage auf? Mit Sicherheit nicht, im Gegenteil. Die Sekretärin wird sich angegriffen fühlen. Wie sie emotional damit umgeht, können wir jedoch nur erahnen, da jeder Mensch ja anders wahrnimmt. Allerdings haben die meisten Menschen in solchen Momenten negative Gefühle.

Der Teil vor dem „Aber" ist dafür gedacht, eine negative Aussage etwas abzumildern, was jedoch emotional nicht so wahrgenommen wird. Also lassen wir es doch einfach und bringen Kritik, wenn sie angebracht ist, professionell an. Wenn das „Ja, aber …" MAL auftritt, gehen wir meistens darüber hinweg und es entsteht nicht sofort eine Auseinandersetzung (es sei denn, der Inhalt ist massiv kränkend). Doch begegnen wir Menschen, die immer wieder mit dem „Ja, aber …" um die Ecke kommen, kostet uns das nicht nur Kraft, sondern macht uns auch wütend. Es ist wie eine tickende Zeitbombe. Wenn sie hochgeht, entsteht ein handfester Konflikt.

Kennst Du einen typischen „Ja, aber …"-Sager? Wie geht es Dir emotional mit ihm? Kannst Du mit ihm lösungsorientiert diskutieren? Sicher nicht. Konfrontierst Du einen typischen „Ja-aber…"-Sager mit seinen eigenen Argumenten, wird er wieder ein „Ja, aber …" parat haben (wie in unserem Eingangsbeispiel mit der Mitarbeiterin). Das habe ich mehrfach erlebt. Das kann im Coaching ein guter Ansatz für die weitere Arbeit sein, nur im alltäglichen Leben ist das anstrengend.

Wie kannst Du solchen Menschen nun begegnen, *bevor* ein Konflikt entsteht? Mache sie auf ihr „Ja, aber ..." aufmerksam. Das kann schon helfen, denn vielen ist das gar nicht bewusst. Eine Steigerung, die sehr gut funktioniert, ist es, dass Du Deinem Gegenüber ganz klar sagst, dass er alles sagen darf, was er möchte, nur ohne das „Ja, aber ..." Und jedes Mal, wenn er es verwendet, unterbrichst Du das Gespräch und machst ihn darauf aufmerksam. Das ist für den Anderen genauso nervig wie sein „Ja, aber ..." für Dich. Und er wird es zumindest für dieses Gespräch allmählich einstellen und Ihr könnt weiterreden bzw. arbeiten. Gerade im beruflichen Kontext, in Meetings, Gesprächen über Entscheidungen der weiteren Vorgehensweise usw. ist das sehr effektiv. In einem meiner Seminar hatte ich es mal mit einem extremen „Ja, aber ..."-Sager zu tun. Menschlich war er durchaus angenehm, nur nahm sein Verhalten der restlichen Gruppe den ganzen Raum, was natürlich nicht geht. Als ich ihm ein „Ja, aber ..."-Verbot aussprach (nachdem ich den Hintergrund erklärt habe), versuchte er es noch ein paar Mal, merkte jedoch selbst, dass das Weglassen dieser Worte ihm zu anstrengend war und entschloss sich, lieber den Mund zu halten (Redeverbot hatte er natürlich nicht). Und schon konnte ich mit der gesamten Gruppe, natürlich auch mit ihm, arbeiten. Du siehst also: Es funktioniert! Es muss nicht erst zum Konflikt kommen.

Was ist nun mit dem reinen „Aber"? Einige Kommunikationswissenschaftler sähen es gerne, wenn es komplett verschwinden würde. Doch bleiben wir mal realistisch. Wenn Du sagst: „Das ist aber auch ein mieses Wetter!", wird Dir wohl keiner an die Gurgel gehen. Im schlimmsten Fall kann bei dem Gegenüber unbewusst ein komisches Gefühl entstehen, das jedoch nur, wenn er sehr negative und häufige Erfahrungen mit dem „Ja, aber ..." gemacht hat. Ich plädiere dafür, anstatt „aber" öfter die Wörter „jedoch" und „dennoch" zu benutzen. Du kannst sie beruhigt verwenden, denn aus meiner Erfahrung geht Kommunikation nicht zu 100%

ohne kleine Wiedersprüche, das ist Wunschdenken. Es geht jedoch auf alle Fälle ohne „Ja, aber ..." Also achte bei Deinem Gegenüber darauf und natürlich auch bei Dir. Da an erster Stelle!

## 2.2.3 „Müssen"

Dass „müssen" zu den Killerwörtern gehört, ist vielen bekannt. Wenn Du hörst „Du musst ...!" gehen bei Dir bewusst oder unbewusst sämtliche Alarmglocken an. Das kommt teilweise noch aus unserer Kindheit. In einem gesunden Umfeld ist es so, dass die Kinder vor dem Eintritt in die Schule nicht viel mit dem Wort „müssen" zu tun haben. Sie haben viele Freiheiten und in dieser Zeit steht das Wort „dürfen" mehr im Vordergrund. Es geht darum, was darf das Kind und was nicht. Das ist sinnvoll und das Kind lernt seine Grenzen kennen. Es ist übrigens erwiesen, dass Kinder, die in der Vorschulzeit alles dürfen, später mit Pflichten schlechter klarkommen als andere Kinder, denen Grenzen gezogen werden. In der Schule werden die Kleinen plötzlich mit Pflichten überschüttet. Hinzu kommen gewisse Pflichten zu Hause. Vieles wird dann sehr häufig mit dem Wort „müssen" verbunden. „Du musst Deine Hausaufgaben machen.", „Du musst still sitzen in der Schule.", „Du musst den Geschirrspüler einräumen (zu früheren Zeiten abwaschen)" usw. Und da gibt es kaum Diskussionsmöglichkeiten für das Kind. Hausaufgaben und Stillsitzen mussten wir einfach. Verhandlungsmöglichkeiten gibt es vielleicht bei der Art der Hausarbeit, an der das Kind sich beteiligen „muss". Was hat unser Unterbewusstsein also gemacht? Genau, es hat das Wort „müssen" negativ besetzt. Und dann kommt die Pubertät. Jetzt können die Pubertierenden mit dem Wort „müssen" gar nichts mehr anfangen. Das erzeugte häufig nur Abwehr. Und die Negativbesetzung wird noch verstärkt. Irgendwann sind die Jugendlichen durch die Pubertät durch und werden erwachsen. Die meisten lassen mit der Pubertät auch ihre ständige innere Rebellion hinter sich und sie werden etwas gnädiger gegenüber dem Wort „müssen", jedoch nur etwas. Unbewusst geht oft immer noch eine Alarmglocke an.

Und genau aus diesem Grund reagieren wir auf das Wort „müssen" nicht wirklich freundlich. Ein „ich muss" ist okay, damit ist ja ein selbstgesuchtes Vorhaben verbunden. „Wir müssen" geht so halbwegs noch. „Der Sommer muss doch endlich kommen." – kein Thema, da es auf ein Objekt bzw. auf eine Sache bezogen ist. Jedoch „Du musst"/"Sie müssen"/"Ihr müsst" geht gar nicht. Wir mögen das bei bestimmten Personen, z.B. Vorgesetzten noch akzeptieren, nur wir hören es nicht gerne. Und wenn Dir eine Person gegenübersteht und Dir ständig mit einem „Du musst" begegnet, wird Dir sicher der Kragen platzen, innerlich oder äußerlich. Du kennst ja sicher die typische Reaktion „Ich muss gar nichts." Interessant ist auch, dass wir, je mehr Pflichten bereits auf uns lasten, immer stärker emotional auf das Wort „müssen" reagieren. Nur häufig merken wir dies nicht bewusst und sind einfach nur genervt, suchen und finden dann irgendwann einen Grund, um einen Streit vom Zaun zu brechen.

Dazu kommt übrigens noch, dass das Wort „müssen" häufig Druck bei uns auslöst. Und Druck erzeugt Gegendruck. Wenn dann der gefühlte Druck zu hoch wird, geraten wir in Stress und einem Konflikt sind Tür und Tor geöffnet.

Es braucht jedoch nicht soweit kommen. Wenn Du bewusst auf das Wort „müssen" achtest, bei Dir und bei anderen, ist die Welt gleich viel friedlicher.


2.2.4    „Warum"


Jetzt fragst Du Dich sicher, wieso das scheinbar so harmlose Wörtchen „warum" ein Killerwort ist. In dieser Rubrik wird es nicht oft aufgeführt. Und das ist sehr schade, kann das Wort „warum" doch so viel Negatives auslösen. Wenn ich Dich frage: „Warum hast Du heute früh schon zwei Tassen Kaffee getrunken?" Wie fühlt sich das an? Wie ein Vorwurf, nicht wahr? Kannst Du mir darauf mit einem positiven Gefühl antworten? Sicher nicht. Und damit haben wir es schon. Hinter dem Wörtchen „warum" steckt häufig ein Vorwurf. Viele fühlen sich genötigt, sich für ihr Verhalten zu rechtfertigen. Das Spannende dabei ist, dass die Menschen in unserer Gesellschaft in den letzten Jahren immer selbstbewusster geworden sind. Wir wollen uns nicht ständig für irgendetwas rechtfertigen. Und genau deshalb bauen wir innerlich eine Sperre gegen dieses Wort auf. Auch das passiert meist unbewusst. Egal, ob das unbewusst geschieht oder bewusst, es führt auf Dauer häufig zu Auseinandersetzungen. Wenn uns das Ganze bewusst wird, werden wir wahrscheinlich so reagieren: „Ich muss mich nicht vor dir rechtfertigen!" Die Reaktion des Gegenübers wird dann selten positiv sein. Wenn doch Verständnis gezeigt wird, dann Hut ab vor dem Gegenüber. Läuft das Ganze unbewusst ab, ist die Reaktion ähnlich wie bei dem Wort „müssen". Wir werden irgendwann einen Streit vom Zaun brechen. Oder wir ziehen uns zurück, falls wir uns nicht so wehren können, wie wir es uns wünschen, z. B. wenn der Arbeitgeber eine solche Warum-Frage stellt. Das erzeugt ebenso ein unangenehmes Gefühl. Häufig wird stellvertretend für die Person, von der wir abhängig sind, eine andere Person unsere negativen Gefühle abbekommen. Kommt Dir das bekannt vor? Bestimmt fallen Dir solche Situationen ein. Auch hier gilt: Achte bei Deinem Gegenüber und auch bei Dir auf das Wort „warum" und sprich bei Deinem Gegenüber schnellstens Dein ungutes Gefühl an.

Abschließende Worte

Wenn Du Dir die oben aufgeführten Killerwörter anschaust, wirst Du eine Gemeinsamkeit feststellen. Sie führen früher oder später immer in einen Konflikt. Die einzige Chance, die Du hast, ist es, die Dinge rechtzeitig anzusprechen. Damit kannst Du verhindern, dass kurz- oder langfristig ein Konflikt entsteht. Wobei ich Dich hier auch um etwas Geduld bitte. Wissen ist nicht gleich Können. Auch wenn Du (und Dein Gegenüber) um die Wirkung dieser Worte Bescheid weißt, heißt das noch lange nicht, dass Du sie von einem auf den anderen Tag nicht mehr aussprechen wirst. Das braucht Zeit und häufige kleine Hinweise, wenn sie auftreten. Erst allmählich werden diese Worte aus Deinem Sprachschatz verschwinden. Bleib dran! Es lohnt sich!

## 2.3   Das kann ja wohl nicht wahr sein!

Ich möchte in diesem Kapitel auf drei oft nicht bewusste Phänomene aufmerksam machen, die sehr schnell in Bezug auf „wahr" oder „nicht wahr" Konflikte auslösen können.

Von Paul Watzlawick ist die Aussage: „Wahr ist nicht, was A sagt, sondern was B versteht." Ich kann mir jetzt gut vorstellen, dass der eine oder andere Fragezeichen in den Augen hat. Das verstehe ich. Gehen wir davon aus, dass Du nicht lügst, dann bleibt Dir ja nur die Annahme, dass Du die Wahrheit sagst. Wieso soll dann nicht wahr sein, was Du sagst, sondern was der andere versteht? Wir haben bereits gelernt, dass eine Nachricht vom Gegenüber auf unterschiedliche Weise aufgenommen wird. Dabei dürfen wir nicht vergessen, dass mehr als 50 % der Kommunikation Interpretation ist. Und das ist in der Regel auch ganz sinnvoll und fällt gar nicht oft im Alltag auf. Ein Beispiel: Du bestellst in einem Restaurant ein Schweinesteak. Der Kellner kommt an den Tisch und fragt „Schwein?" und Du antwortest „Ich hier." Hört sich im ersten Moment normal und im zweiten lustig an, nicht wahr? Ist Dir jedoch bewusst, dass Du in die Frage „Schwein?" hineininterpretiert hast, dass er wissen will, wer das Schweinesteak bestellt hat? Derlei Interpretationen sind wie schon erwähnt sehr sinnvoll. Nur kann es auch wieder zu gewaltigen Missverständnissen führen.

Dazu ein weiteres Beispiel: A sagt zu B „Ich möchte Dir nicht mehr von diesem Menschen erzählen." Mit dieser Aussage möchte A signalisieren, dass er loyal bleiben möchte und „diesen anderen Menschen" auch meint schützen zu müssen, weil die Information für B belastend sein und ihn beeinflussen könnte. An sich ist das eine gute Absicht. Diese wird jedoch nicht immer so verstanden. B interpretiert in die Aussage, dass A ihm /ihr nicht genug vertraut. Jedoch auch B spricht das nicht aus, weil er/sie die Aussage von A akzeptieren möchte. Dennoch wird B ziemlich sicher gekränkt sein Was zwischen A und B bleibt, ist nicht die

Aussage von A sondern das Verstandene von B. Zwar mag B versuchen, diese Kränkung wegzustecken, nur gelingt sowas nur selten, ohne Spuren zu hinterlassen. Und so kann es höchstwahrscheinlich immer häufiger vorkommen, dass B schon bei der Erwähnung des Namens „dieses Menschen" alle Schotten dichtmacht. Vielleicht wird er/sie schmallippig äußern: „Das interessiert mich nicht." oder B wird irgendwann später und gänzlich aus dem Zusammenhang gerissen A vorwerfen: „Du vertraust mir ja eh nicht." Und das wiederum kränkt A.

Eine verfahrene Situation. Nun gibt es zwei Varianten, wie es weitergehen kann. Es kann dauerhaft zu einem tiefen Zerwürfnis zwischen den beiden führen oder einer spricht das Thema konkret an und fragt, was überhaupt los ist. Das wird bei beidseitiger Offenheit sicher zu einer Klärung führen.

Dieses Beispiel zeigt uns sehr deutlich, dass für B seine/ihre Interpretation wahr ist, denn sonst wäre es nicht zu dieser Situation gekommen.

Was kannst Du nun tun, um nicht in diese Falle zu tappen? Wenn Du die Rolle von A innehast, bringt es überhaupt nichts, wenn Du die Wahrnehmung von B in Frage stellst, vielleicht sogar noch mit den Worten „Das habe ich doch gar nicht gesagt!" Das löst gar nichts. Akzeptiere, dass B Deine Aussage anders interpretiert hat und gehe auf B zu. Natürlich ist es dann hilfreich zu erklären, was Du mit der Aussage tatsächlich gemeint hast, und das gänzlich ohne Vorwurf.

Wenn Du Dich hingegen in der Situation von B befindest und eine Kränkung verspürst, dann frage direkt nach, wie A es gemeint hat. Sehr häufig löst sich damit schon alles auf.

Kommen wir nun zu einem zweiten Phänomen in Bezug auf die Wahrheit. Wir alle sind eigenständige Individuen mit persönlichen Geschichten, Erfahrungen und Persönlichkeitsstrukturen. Dadurch hat jeder seine ganz eigene Wahrheit. Dazu einige Beispiele, um es Dir zu verdeutlichen.

In meinem Umfeld erfuhr ich von folgender Episode: A möchte mit B und C zusammen zu einer Veranstaltung gehen. Die Karten sind bereits gekauft. 14 Tage vor der Veranstaltung informiert A gleichzeitig B und C, dass er verhindert ist und bittet beide, ihn bei dem Verkauf der Karte zu unterstützen. B startet sofort eine Umfrage bei Freunden, jedoch gelingt es C eher, diese Karte zu verkaufen, worauf A sehr dankbar reagierte. Doch jetzt geschieht folgendes: B warf C vor, dass er ohne B zu fragen, die Karte einfach so verkauft hat und damit die Situation für sich entschieden hat. Du findest diesen Vorwurf albern, weil es doch nur wichtig ist, dass A geholfen wurde? Dann verstehe ich das. Schauen wir uns B näher an. B vermutet, dass C die Karte nur deshalb so schnell verkauft hat, um Anerkennung zu bekommen. Was B vermutlich nicht bewusst ist, dass er selbst diese Anerkennung gerne für sich beansprucht hätte. An dieser Stelle ist es egal, welche Motivation C hatte, denn unser Interesse gilt jetzt nur B. Und in seiner ganz eigenen Wahrheit hatte B den Anspruch, dass er, wenn die Karte schon durch C verkauft wird, wenigstens um Erlaubnis gebeten wird, um C die Freigabe zu geben, sich die Anerkennung zu verdienen. Woher diese Wahrheit von B kommt und welche Persönlichkeitsstruktur dahintersteht, würde jetzt zu weit gehen und ist zudem spekulativ. Fakt ist, es ist die innere Wahrheit von B! Und wie andere es finden, tut überhaupt nichts zur Sache. In diesem Fall, wie in vielen anderen Fällen, würde eine Gegenargumentation von C zu nichts anderem als zu einer Auseinandersetzung führen, welche weder A, B noch C gut tut.

Ein weiteres Beispiel: In einem Meeting sollen weitere Vorgehensweisen für die Vermarktung von einem Produkt besprochen werden. Einer der Teilnehmer hat sehr viel Erfahrung im Onlinemarketing, ein anderer im Direktmarketing. Es kommt zu einem Disput zwischen beiden Personen. Ein dritter Teilnehmer greift ein, um zu schlichten. Auch hier zeigt sich wieder: Jeder hat seine Wahrheit und für jeden ist die eigene Wahrheit scheinbar die einzig richtige. Nur ein Kompromiss von beiden Seiten kann eine solche Situation entschärfen. Dafür ist es jedoch notwendig, dass die beiden Streithähne akzeptieren, dass jeder seine eigene innere Wahrheit hat.

Und ein letztes Beispiel zu diesem Thema: Eine Frau beginnt in der Abwesenheit ihres Mannes den Garten umzugraben. Der Mann kommt dazu und denkt sich, wenn ich es ihr jetzt abnehme, denkt sie womöglich, ich traue ihr diese Arbeit nicht zu und er wendet sich anderen Dingen zu. Die Frau wiederum fragt sich entrüstet, wieso er denn nicht sieht, wie schwer die Arbeit ist und ihr das nicht abnimmt. Welche Gedanken sind jetzt wohl richtig? Versuche bitte bei der Analyse Deine eigene Wahrheit außen vor zu lassen. Richtig sind beide Wahrheiten, wenn wir uns in die jeweilige Person hineinversetzen. Vermutlich wird es zwischen den beiden noch eine Auseinandersetzung geben, die nur dann positiv enden kann, wenn jeder seine Wahrheit auf den Tisch legt und die Wahrheit des anderen akzeptiert.

Und genau darin liegt auch die Lösung. Wenn eine Diskussion ins Endlose abdriftet und beginnt, sich im Kreis zu drehen, liegt es daran, dass jeder stur auf seine Wahrheit beharrt und recht behalten will. Lerne zu akzeptieren, dass Deine Wahrheit nicht die allein richtige ist und gehe in solchen Diskussionen auf die sogenannte Metaebene, indem Du das Geschehen von außen betrachtest. Fasse dann zusammen, dass es hier keine Einigung geben wird und dass Du die Meinung des anderen akzeptierst. Bitte im Gegenzug darum, dass dieser das auch tut. Sehr häufig kann eine solche Vorgehensweise zu einer Klärung führen. Und wenn nicht? Dann darfst Du auch einfach aussteigen und andere Wege gehen.

Zum Ende des Kapitels möchte ich zusammenfassend Tania Kohnnert zitieren, denn besser kann ich es nicht sagen:

**„Die große Herausforderung: mit der Unsicherheit leben lernen**

*Die große Herausforderung besteht für uns alle darin, Folgendes zu erkennen:*

- *Es gibt keine Wahrheit und keine Sicherheit.*

- *Jeder Mensch hat seine eigene Wahrheit.*

- *Wahrheiten anderer sind spannend und ich kann viel davon lernen, muss sie aber nicht übernehmen.*

- *Meine Wahrheit ist nicht wahrer als die von anderen.*

- *Es steht mir nicht zu, andere zur Übernahme meiner Wahrheit zu zwingen.*

- *Keiner außer mir selbst kann für mich entscheiden, was für mich wahr ist."*

*(http://www.zeitzuleben.de/die-sache-mit-der-wahrheit/*

Ein dritter Aspekt in Sachen Wahrheit: So, wie jeder seine eigene Wahrheit hat, hat auch jeder seine Stressoren. Du hast Dich sicher schon so manches Mal gefragt: „Was hat sie denn jetzt schon wieder?" Meinen Teilnehmer/Innen im Stressmanagementseminar erzähle ich gern folgendes: In erlebnis-orientierten Seminaren gibt es häufig eine Übung: Abseilen von einem ca. zehn Meter hohen Abhang, was in etwa der Höhe einer dritten Etage entspricht. Wir erklären natürlich sehr genau das Rüstzeug, dass die flexiblen Seile 500 Kilo tragen, dass der notwendige Achter (ein Teil der Ausrüstung) unsere Muskelkraft so überträgt, dass sich auch schwere Personen mit Leichtigkeit abseilen können, dass wir sie zusätzlich sichern usw. Kurz gesagt, alle bekommen also das gleiche durchaus beruhigende Wissen. Und immer tritt folgendes Phänomen ein: Die Gruppe teilte sich in drei Teilgruppen. Die einen sind so euphorisch, dass sie teilweise die Sicherheitslinie zum Abhang überschreiten und ein besonderes Auge verdienen, die der zweiten sitzen leidenschaftslos auf der Wiese und die der dritten sind vor lauter Panik im Wald verschwunden. Die Raucher konnten wir wenigstens anhand der Rauchfahne orten. Ein und dieselbe Situation - drei verschiedene Handlungsmuster. Selbst beim Zuhören dieser Episode stellen sich bei meinen Teilnehmern nonverbal stets genau diese drei Verhaltensmuster ein.

Dieses Beispiel kann uns besser nicht zeigen, wie unterschiedlich wir auf vermeintliche Stressoren reagieren. Dieses bewusste Wissen in unseren Alltag zu integrieren, halte ich für enorm wichtig. Denn wenn jemand mit seinem Stressor nicht für voll genommen wird, fühlt er sich logischerweise minderwertig und empfindet den anderen entweder als unsensibel oder gar arrogant. Dass dies zu inneren wie auch äußeren Konflikten führen kann, liegt klar auf der Hand.

Folglich ist es enorm wichtig, ein Gegenüber erst einmal mit seinem Stressor wahrzunehmen, ihm diesen nicht weg zu reden oder sich gar darüber lustig zu machen. Sollte jemand z.B. Angst vor Spinnen haben und Du nicht, dann mache bitte keinen lustigen Rummel daraus, sondern entferne die Spinne einfach. Der Respekt und die Dankbarkeit Deines Gegenübers sind Dir gewiss. Wenn Du selber Stressoren hast, die für andere nicht nachvollziehbar sind, erwarte jedoch bitte kein Verständnis, es sind Deine Stressoren (Und immerhin eignest Du Dir gerade dieses Wissen darüber an, nicht Dein Gegenüber). Du darfst Dir jedoch Verständnis wünschen, dafür ist es natürlich notwendig, dass Du offen bist. Solltest Du jedoch Stressoren haben, die Dein alltägliches Leben (und gegebenenfalls dies der anderen) gravierend beeinflussen, ist es auch in Deiner Verantwortung, Dir zu dem Thema fachliche Unterstützung zu holen.

Wenn Du das Gelesene mehr und mehr verinnerlichst, wirst Du im Laufe der Zeit immer konfliktfreier leben können. Es wird immer weniger Themen geben, die Dich aufregen oder gar in Konflikte führen werden. Deine „Aufreger" nehmen einfach ab. Ist das nicht toll? Und ich möchte, dass Du es noch viel leichter hast. Also lese weiter! ☺

## 2.4 Männer und Frauen – ein Thema für sich

Sicher ist Dir auch schon aufgefallen, dass Frauen und Männer unterschiedliche Verhaltens- und Denkmuster haben. Und wie oft hast Du Dir schon gesagt „Der/die andere versteht mich nicht!" Um Konflikte, die dadurch gerne entstehen, zu vermeiden, ist es wichtig, einige wichtige Punkte anzusprechen. Im Studium haben wir gelernt, dass alleine die Lösungsweisen und -wege von Männern und Frauen unterschiedlich sind. Und seit damals sind mir in meinen Recherchen für meine Tätigkeit als Kommunikations- und Verhaltenstrainerin keine anderen Erkenntnisse aufgetaucht. Also stelle ich Dir folgenden wichtigen Hinweis zur Verfügung: Wenn Männer vor einer Situation stehen, die es zu durchdenken gilt, denken Sie von A (Ausgangspunkt) zu Z (Zielpunkt) in einer recht geraden Linie. Frauen hingegen denken von A bis Z in einer Wellenlinie. Ich nenne diese Wellenlinie auch gerne Schleifen. Das ist jetzt übrigens kein Grund, sich über das andere Geschlecht zu amüsieren. Denn beides hat seine Vorteile. Männer sind bei der Lösungsfindung in manchen Situationen besser dran, weil Sie nicht alle eventuellen (manchmal unwichtigen) Randbedingungen mit beachten. Deswegen heißt es auch oft „Klare Linie!" Das kann natürlich auch dazu führen, dass wichtige Randbedingungen übersehen werden. Frauen hingegen, nehmen viele Randbedingungen in ihrer Denkweise wahr und beziehen diese in ihre Lösung mit ein. Das hat den Vorteil, dass wichtige Aspekte nicht übersehen werden. Es kann jedoch auch dazu führen, dass Frauen sich manchmal in den Schleifen verlieren. Im Job halte ich es immer für erstrebenswert, wenn Frauen und Männer gemeinsam an einem Projekt arbeiten, so sind sowohl klare Ergebnisse als auch die Einbeziehung von Randbedingungen gewährleistet.

Nur was bedeutet das außerhalb von Projektentscheidungen im zwischenmenschlichen Miteinander, egal ob privat oder beruflich? Wenn Du eine Frau bist, wie oft fragst Du Dich, wieso der

Mann Deine Gedanken nicht nachvollziehen kann? Weil er eben nicht in Deine Schleifen sehen kann! Und wenn Du ein Mann bist, wie oft fragst Du Dich, was die Frau denn schon wieder hat? Nun, sie steckt in einer Schleife, ganz einfach!

Ich möchte an dieser Stelle übrigens ganz stark betonen, dass Männer nicht einfacher denken, Sie denken anders als Frauen. Wenn Du als Frau genauso wie als Mann die Toleranz aufbringen kannst, dies zu akzeptieren, dann wirst Du in Zukunft solchen Situationen gelassener begegnen. Es liegt einfach nun mal in der Natur der Sache. In manchen Situationen ist es sogar ratsam, sich als Frau mit bestimmten verzwickten Fragen erst einmal an eine Freundin oder als Mann erst einmal an einen Freund zu wenden. Da sprecht Ihr die gleiche Sprache. Natürlich sollst Du nicht Deine/n Lebenspartner/in außen vorlassen. Doch wenn Du Deine Emotionen schon mal anderswo abgebaut hast, verlaufen die Gespräche mit dem Partner / der Partnerin häufig harmonischer und einfacher. Nebenbei bemerkt, ist es, wenn Du eine Frau bist, sogar sehr ratsam, sich auch mal mit Männern über ein Problem zu unterhalten. Dabei könnte Dir bewusst-werden, dass Du gerade in einer nicht so relevanten Schleife feststeckst und es sinnvoller ist, aus dieser Schleife herauszu-kommen. Umgekehrt ist es natürlich genauso. Wenn Du ein Mann bist, rede ruhig mal mit einer Frau, die kann Dir die Schleifen Deiner Partnerin oder Chefin gut erklären.

Ein weiterer wichtiger Unterschied zwischen Männern und Frauen ist die Tatsache, dass Männer Informationsdenker sind und Frauen Beziehungsdenker. Wie zeigt sich das? Ein wunder-bares Beispiel dafür gibt Deborah Tannen in ihrem Buch „Du kannst mich einfach nicht verstehen". Ein Mann und eine Frau fahren auf der Autobahn. Als ein Hinweisschild für eine Rast-stätte zu sehen ist, fragt die Frau ihren Mann „Möchtest du einen Kaffee?" Er verneint es, sie ist sauer.

Meine Seminarteilnehmer müssen bei dieser Episode immer schmunzeln, denn wer kennt das nicht? Was steckt hinter dieser

Episode? Der Mann als Informationsdenker versteht hinter der Frage den Informationsgehalt. Da er keinen Kaffee trinken möchte, verneint er es, ohne seine Frau damit verletzen zu wollen. Die Frau meint mit der Frage eigentlich, dass sie einen Kaffee trinken möchte und erwartet von ihrem Mann, dass er das erkennt. Ganz klar, sie als Beziehungsdenkerin würde es ja auch verstehen und deswegen ist sie enttäuscht. Aus der Sicht der Frau sicher nachvollziehbar. Wenn Du ein Mann bist, fragst Du Dich bestimmt „Wieso kann sie nicht einfach sagen, dass sie einen Kaffee trinken möchte?" Deine Frage ist durchaus berechtigt und darin liegt auch die Lösung. Liebe Frauen, sagt dem Mann einfach direkt, was Ihr wollt. Damit vermeidet Ihr Missverständnisse und Enttäuschungen. Ich weiß, das ist leichter gesagt, als getan, denn wir sind halt Beziehungsdenkerinnen und auch ich tappe hin und wieder noch in diese Falle. Und wenn Du als Frau jetzt denkst, wieso soll ich mich immer anpassen? Dann lass Dir sagen: Das Beste ist ein gegenseitiges Geben und Nehmen! Dazu ein anderes Beispiel. Die Frau kommt nach Hause und berichtet ganz entrüstet von einem Problem auf Arbeit. Der Mann nimmt das als Informationsdenker natürlich rational wahr, möchte seiner geliebten Frau helfen und bietet Lösungen an. Das Dumme daran ist nur, dass Frauen meistens ihre Lösungen schon im Kopf haben und als Beziehungsdenkerinnen einfach darüber reden möchten. Sie wollen Verständnis und im Idealfall eine feste Umarmung. Bekommt die Frau nur eine rationale Lösung, kann es sein, dass sie enttäuscht ist. Nicht gut für beide. In diesem Fall einen Rat an die Männer: Nimm die Frau einfach in den Arm und frage erst dann, ob sie Deine Hilfe braucht. Glaube mir, sie wird es Dir danken!

Du siehst, alleine schon die Verschiedenheit von Frauen und Männern birgt genug Konfliktpotenzial. Du kannst Auseinandersetzungen vorbeugen, indem Du diese Verschiedenheit einfach akzeptierst und mit Deinem/r Partner /In lernst, damit umzugehen. Manchmal hilft da übrigens auch Humor. Wenn Du die letzten Zeilen beherzigst, wirst Du vielleicht öfter mal über die Frau oder den Mann liebevoll schmunzeln und über das eine oder andere gelassener hinwegsehen können. Das wünsche ich Dir sehr!

## 2.5 Sachthemen versus Beziehungsthemen

In tragfähigen Beziehungen werden hin und wieder Sachthemen diskutiert, über die man sich nicht einig wird, beispielsweise welche Fußballmannschaft nun die bessere ist. Dabei ist es wichtig, die Meinung des Gegenübers zu akzeptieren.

Es ist einfach so, dass bei kleineren Sachkonflikten, z.B. einer möchte ins Kino, der andere lieber ins Theater, mal der eine und mal der andere nachgibt. So kann ein Ausgleich stattfinden. Das ist in symmetrischen Beziehungen der Fall. Es gibt jedoch auch asymmetrische Beziehungen, in denen immer nur einer nachgibt. Solange das für denjenigen in Ordnung ist, gibt es hier auch kein Konfliktpotenzial. Es gibt jedoch noch die Möglichkeit, dass ein kleines Thema nicht mehr thematisiert wird. An sich eine gute Möglichkeit um einen Sachkonflikt ad acta zu legen. Dann ist den Beteiligten die Beziehung zu wichtig oder ihnen ist bewusst, dass es in dieser Frage keine Einigung gibt. Bei kleinen Sachkonflikten, wie z.B. die Bewertung der geschmackvollen(?) Tapete der Schwiegereltern, ist das durchaus empfehlenswert.

Wenn sich allerdings solche Themen häufen, in denen Du die Meinung des anderen passiv negierst, wird es ziemlich sicher zu einem sogenannten *kalten Konflikt* kommen. Und auf der psychischen Ebene kann sich mit der Zeit Frustration oder Verärgerung aufbauen. Und wenn es dann aufgrund einer Kleinigkeit zu einer Auseinandersetzung kommt, kann dieser *kalte Konflikt* ganz schnell zu einem *heißen Konflikt* werden, wo dann alle diese kleinen Sachkonflikte aus der Vergangenheit plötzlich auf den Tisch kommen. Mach Dir da bitte keine Sorgen! Eine gefestigte Beziehung hält das aus. Wir reden ja nicht umsonst vom reinigenden Gewitter. Wenn sich die Emotionen dann wieder beruhigt haben, führt eine sachliche Klärung der Meinungsunterschiede zu Sachthemen zur Lösung. In späteren Kapiteln findest Du verschiedene Lösungsansätze.

In Beziehungskonflikten ist das mit dem *kalten Konflikt* schon etwas anderes. Wenn Du immer wieder etwas auf der Beziehungsebene in Dich hineinfrisst und Dein Gegenüber (Partner?) ebenso und so ein kalter, also stiller Konflikt entsteht, wird es schon schwieriger. Entweder Du kannst einen kleinen kurzen Beziehungskonflikt wirklich verarbeiten und vergessen oder es gilt die Devise: *„Alles, was nicht vergessen wird, wird erinnert."* Das gilt in besonderem Maße, wenn Du schon wegen Nichtigkeiten Eure Beziehung in Frage stellst. Kommt dann einer dieser berühmten Momente, in dem einem von Euch der Geduldsfaden reißt, entsteht höchstwahrscheinlich ein *heißer Konflikt*, der durchaus intensiver werden kann. In diesem Fall rate ich Dir, die Gemüter erst einmal abkühlen zu lassen, um danach zu entscheiden, welche Themen der Vergangenheit denn nun wirklich durchgesprochen werden müssen. Verständlicherweise ist Dein Partner irritiert, wenn Du ihm olle Kamellen vorwirfst (z.B. dass es Dich verletzt hat, weil er/sie vor sechs Monaten den Rest von Deiner Lieblingsmarmelade aufgegessen hat, die Du Dir doch so aufgespart hattest). Solche kleinen Themen sprich bitte immer sofort an, möglichst mit einer Prise Humor und Du wirst sehen, dass ein solch kleiner Konflikt sich dadurch wie von selbst in Nichts auflöst.

Ich weiß, dass es manchmal schwierig ist, eine Verletzung, die Dir widerfährt, sofort anzusprechen, weil Du Dir über eine Situation (und damit meine ich nicht nur Deine Lieblingsmarmelade, sondern viel mehr) zunächst eine Meinung bilden möchtest. Wenn Du es dann jedoch nicht mehr ansprichst und es erst zu einer heftigen Auseinandersetzung kommen muss, damit dieses Thema auf den Tisch kommt, dann nutze anschließend die Chance und kläre es mit Deinem Partner endgültig. Du hast es nun ja eh schon angesprochen. Lässt Du das Ganze hingegen weiter unausgesprochen schwelen, bildet sich daraus wieder ein kalter Konflikt, der Eure Beziehung ernsthaft gefährden kann. Sei Dir dessen immer bewusst und lass es nicht zu.

## 2.6  Konfliktfördernde Auslöser, die in Dir liegen

Jetzt möchte ich Dir einige Abwehrmechanismen gegen Stress und Konflikte aufzeigen, die Anna Freud, die jüngste Tochter von Sigmund Freud gut zusammengefasst hat. Spannend ist dabei, dass diese Mechanismen in erster Linie unbewusst ablaufen, einige von Ihnen jedoch mit dem Wissen um die Sache bewusstgemacht werden können. Eins haben alle gemeinsam: Sie schützen uns vor Stress. Interessant ist auch, dass sie in uns selbst liegen, jedoch einen massiven Einfluss auf soziale, also zwischenmenschliche Konflikte haben. Ich finde aus eigener Erfahrung sehr wichtig, sie zu kennen und bewusst zu machen. Damit können viele Konflikte verhindert oder besser verstanden werden. Also: Stelle Dich jetzt einfach mal Deinen inneren Anteilen und sei neugierig.


### 2.6.1  Verdrängung

Die Verdrängung nach Anna Freud ist nicht das, was wir umgangssprachlich häufig damit meinen. Wenn wir von Verdrängung reden, meinen wir Ignoranz. Verdrängung nach Freud bedeutet, dass Du einen Konflikt oder ein sehr stressbeladenes Thema vollkommen ins Unterbewusstsein schiebst. Dazu gehören sehr häufig Traumata, beispielsweise sexueller Missbrauch in der frühen Kindheit. Ebenso zählt unser sogenannter blinder Fleck dazu. Das ist eine meist ungeliebte Eigenschaft von Dir, die Dir nicht bewusst ist, anderen jedoch schon. Sicher fragst Du Dich jetzt, was Du tun kannst oder woran Du denn arbeiten kannst, wenn es Dir doch gar nicht bewusst ist. Das ist eine sehr legitime Frage. Solange Du durchs Leben läufst und unterschiedliche Konfliktinhalte in Deinem Leben findest, ist das normal. Solltest Du jedoch immer wieder mit gleichen oder sehr ähnlichen Konfliktsituationen konfrontiert werden, ist es sicher sinnvoll, dem genauer nachzugehen. (Ein Beispiel: Die Frau, die immer wieder an Männern gerät, die gewalttätig sind und die selbst einen prügelnden Vater hatte. Oder der Mann, der in jedem Job immer wieder mit seinem Vorgesetzten Krieg führen muss.) Das schaffst Du nicht alleine, dazu benötigst Du die Unterstützung eines Psychologen/einer Psychologin, denn nur er/sie verfügt über die Möglichkeiten, solche verdrängten Mechanismen zu erkennen und mit Dir gemeinsam aufzulösen.

## 2.6.2  Reaktionsbildung

Bei der Reaktionsbildung werden unerwünschte Impulse genau in das Gegenteil verkehrt. Häufig entsteht dieser Mechanismus bereits in der Kindheit, in der uns Glaubenssätze vermittelt werden, die uns eher blockieren als fördern. Dazu gehören solche wie z.B.: „Männer dürfen nicht weinen und müssen immer stark sein." Wenn einem Mann, dem als Junge ein solch hinderlicher Glaubenssatz eingeimpft wurde, dann doch mal nach weinen zumute ist, passiert häufig etwas ganz Seltsames: Er lacht! Stell Dir das jetzt mal in einer sehr angespannten zwischenmenschlichen Situation vor. Wie wirkt das wohl auf den Konfliktpartner? Vermutlich wird er sich verhöhnt fühlen. Konfliktlösend ist diese Reaktionsbildung ganz sicher nicht. Nun rate ich Männern mit solch einem Glaubenssatz nicht gleich, diesen komplett über Bord zu werfen. Ich stelle mir gerade ein Geschäftsmeeting vor, in dem es für einen Teilnehmer sehr unangenehm wird. Da ist es sicher nicht angebracht, dass die Tränchen kullern. Nur ist es vollkommen in Ordnung, seine Verwirrung über die Situation auszudrücken und auch klar zu formulieren, wie alles auf ihn wirkt.

### 2.6.3 Verleugnung

Bei der Verleugnung werden bedrohliche Sinneseindrücke nicht wahrgenommen, um ihre Bedeutung ignorieren zu können. Was heißt das konkret? Geht eine Beziehung in die Brüche, so fällt der, der verlassen wurde, häufig erst einmal aus allen Wolken. Doch wenn sie/er gesund zurückschaut, fallen ihr/ihm plötzlich viele Signale auf. Der Partner/die Partnerin war abends immer öfter alleine unterwegs oder musste plötzlich immer so lange arbeiten. Oft ist es so, dass der Partner/die Partnerin, der/die auf dem Sprung ist, auch noch andere Signale sendet, die darauf hinweisen, dass er/sie unzufrieden ist. Das Gegenüber wittert vielleicht unbewusst Gefahr (der andere könnte ja (fremd-)-gehen), verleugnet dies jedoch lieber vor sich selbst, da es zu weh tut.

In anderen Beziehungen kann es sein, dass der eine immer nur nimmt, während der andere immer nur gibt. Nur zu geben gefällt niemandem. Allerdings ist es ja „gefährlich", sich damit auseinanderzusetzen und genau hinzuschauen, so dass das Verhalten des Gegenübers, der nur nimmt, lieber verleugnet wird. Das geht auf Dauer nicht gut. Und das Verleugnen führt sehr häufig direkt in den Konflikt rein. Trennungen gehören bei den Konflikten emotional ganz weit nach oben. Um solche Eskalationen zu verhindern, spring über Deinen emotionalen Schatten, schau genau hin und vor allem: Sprich es an! Wenn der Partner/die Partnerin sich dafür nicht interessiert oder Deine Wünsche ignoriert, passt es gegebenenfalls nicht (mehr). Nur dann hältst Du die Karten in der Hand und bist in der Situation, selber zu entscheiden: Bleiben und kämpfen oder doch besser gehen.

## 2.6.4 Projektion

Der Name spricht für sich. Hierbei projizierst Du eine Eigenschaft oder Verhaltensweise, die Du an Dir selbst nicht magst, auf Dein Gegenüber. Ein einfaches Beispiel: Angenommen, Ordnungsliebe ist nicht unbedingt Deine persönliche Stärke. In Deiner Kindheit hast Du jedoch gelernt, dass alles schön ordentlich aussehen muss. Das hast Du tief verinnerlicht. Natürlich versuchst Du im Rahmen Deiner inneren Möglichkeiten, Dich an diesen Glaubenssatz zu halten. Nur wie gesagt, Du versuchst es. „Versuchen" ist jedoch die kleine Schwester des Scheiterns. Da Du also unbewusst die Ordnungsliebe ablehnst, projizierst Du diese Ablehnung auf jemanden aus Deinem Umfeld. Und dabei bleibt es nicht. Darüber hinwegsehen ist nicht angesagt. Im Gegenteil: Lauthals verkündest Du jedem, der es hören oder auch nicht hören will, dass der Schreibtisch Deines Kollegen ja das absolute Chaos ist. Das tut Deiner kleinen Seele richtig gut. Nur gefällt das auch Deinem Gegenüber? Garantiert nicht. Und schon kann es sein, dass Du auf einen kleineren oder gar größeren Konflikt zusteuerst.

Ein anderes Beispiel: Stell Dir jemanden vor, der schlecht alleine leben kann, jedoch Single ist. Da diese Person jedoch nach außen und auch nach innen immer stark sein will, schwelt dieses Gefühl (Einsamkeit!) nur im Hintergrund. Jetzt trifft dieser Single auf einen Menschen, der sich in einer Beziehung befindet, in der es gerade etwas kriselt. Ganz schnell kann es passieren, dass der Single, der anderen Person vorwirft, dass sie ja nur in der Beziehung ausharrt, weil sie nicht alleine leben kann. Wie wird wohl diese Person, die Beziehungsstress hat, darauf reagieren? Genervt? Missmutig? Jedenfalls sicher nicht erfreut. Es wird in ihr entweder mehr oder weniger brodeln. Es kommt zum Rückzug. Oder sie wird ihrem Gegenüber irgendwann ein klares Stopp setzen. Das wird dann natürlich nicht immer akzeptiert und schon haben wir wieder einen entweder schwelenden oder offenen Konflikt.

Wie kannst Du derartige Mechanismus nun verhindern? Indem Du darauf achtest, ob Du auf bestimmte Verhaltensweisen oder Eigenschaften anderer immer wieder emotional stark reagierst. Und sollte das der Fall sein, dann fühle mal ganz tief in Dich hinein: Bist nicht Du die-/derjenige mit genau dieser Verhaltensweise oder Eigenschaft? Sei ganz offen zu Dir. Keiner verlangt, dass Du das nach außen trägst. Wenn Du es selbst erkennst, dann hat sich das Thema meistens schon gelöst.

Die oben dargestellten Verhaltensweisen / Verhaltensmuster stellen nur einen kleinen Auszug aus einem der Werke von Anna Freud dar. Ich habe mich hier auf die konzentriert, die in einem sozialen Konflikt münden können. Weitere wirklich hoch interessante Verhaltensweisen (die sich mehr auf den Umgang mit innerem Stress oder Konflikten beziehen) findest Du in ihrem Buch *„Das Ich und seine Abwehrmechanismen"* (siehe Quellenverzeichnis). Die Lektüre lohnt sich sehr!

## 2.7 Ihr seid so anders – das nervt!

Natürlich ist jeder Mensch anders, das ist uns klar. Nur manche nerven mit ihrer Art einfach nur. Das liegt aber nicht nur an dem anderen, sondern auch an Dir! Denn auch Du bist anders als Dein Gegenüber. Es gibt eben einfach verschiedene Persönlichkeitstypen. Damit haben sich schon viele Psychologen beschäftigt und die verschiedensten Modelle dazu entwickelt. Es soll hier nicht um Schubkastendenken gehen, sondern um eine Orientierung. In den meisten Fällen sind wir Menschen natürlich Mischtypen mit mehr oder minder schwachen oder starken Tendenzen in die eine oder andere Richtung.

Bevor wir auf das Konfliktpotenzial, welches daraus entstehen kann, eingehen, möchte ich Dir einen Überblick über die Persönlichkeitstypen und ihre Stärken und Risiken geben. Ich beschränke mich auf die erstklassige Persönlichkeitsstrukturanalyse nach Siegfried Gsell. Diese ist gut überschaubar und lässt sich schnell praktisch anwenden. In vielen meiner Seminare nehmen meine Teilnehmer/Innen dieses Modell sehr dankbar auf, nicht nur, weil jeder neugierig ist, welche Tendenzen er selbst hat, sondern weil es auch sehr spannend ist zu verstehen, wie jeder besser mit anderen umgehen und somit Konflikten vorbeugen kann. Auch Du wirst beim Lesen schnell erkennen, wieso Du mit dem einen besser zurechtkommst und mit einem anderen immer wieder in Konflikt gerätst. Bei der Darstellung der Typen werde ich mich auf ausgewählte, sehr typische Eigenschaften konzentrieren. Es soll nur einen Einblick gewähren. Wenn Du Dich damit noch intensiver auseinandersetzen möchtest, empfehle ich Dir das Buch von Siegfried Gsell (Angaben im Quellenverzeichnis)

## 2.7.1 Der Harmoniker

### Stärken

Harmoniker sind von Natur aus sehr friedliche Menschen. Sie vertrauen anderen sehr schnell und haben viele persönliche Kontakte. Sie verfügen über ein ausgeprägtes Einfühlungsvermögen und sind daher sehr empathisch. Gute Beziehungen, privat und beruflich, sind für sie von sehr großer Bedeutung. Sie verwenden viel Zeit darauf, solche zu pflegen. Wenn ihr Gegenüber jedoch andere Bedürfnisse hat, z. B. nach Distanz, ist das oft schwer zu verkraften. Meist reagieren sie jedoch behutsam und besonnen, denn ein harmonischer Umgang ist ihnen, wie der Name schon sagt, zu eigen. Sie wirken auf andere schnell sympathisch. Geduld ist ihre Stärke. Ihre Grundeinstellung ist oft positiv und sie sind sehr hilfsbereit. Harmoniker können gute Vermittler sein.

### Risiken

Fehler einzugestehen, ist nicht unbedingt ihre Stärke. Sie halten oft lange an Bewährtem fest. Veränderungen vermeiden sie lieber und finden auch gute Gründe dafür. Im Vordergrund steht die Harmonie, nicht die Zielerreichung. Harmoniker reden häufig zu lange, zu viel und zu ausführlich. Bei Problemen und Konflikten fallen sie auch gerne mal ins Jammern. Sie nehmen sich zu viel zu Herzen und streben immer wieder nach extremer Harmonie, was in der Realität natürlich nicht immer funktioniert. Gewohnheiten legen sie nur sehr schwer ab. Durch ihr Harmoniebedürfnis kann es schnell passieren, dass sie anderen Menschen zu nahekommen, verbal und auch körperlich. Da dies zu ihrem Naturell gehört, ist ihnen das selten bewusst. Interessant ist auch, dass sie schwer etwas für sich behalten können. Geheimnisse zu bewahren ist nicht ihre Stärke. Im Inneren sind sie abhängig von einem sozial funktionierenden Umfeld und verharren oft in Beziehungen, privat wie beruflich, die ihnen nicht guttun.

## 2.7.2    Der Aktive

### Stärken

Die Bezeichnung dieser Persönlichkeit lässt vermuten, dass die anderen Typen nicht aktiv sind und lieber still in ihrem Kämmerlein sitzen. Das ist natürlich nicht so. Die Aktiven sind einfach nur aktiver. Sie sind sehr umtriebig und in der Lage, bei kleineren Zusammenkünften die ganze Runde zu unterhalten. Größere Menschenmengen sind ihnen hingegen nicht so angenehm. Sie können sich gut durchsetzen, was häufig damit zu tun hat, dass sie sehr eloquent sind. Sie wirken selbstbewusst, manchmal gar überlegen. Konsequentes Handeln ist den Aktiven sehr wichtig. Sie können sehr direkt sein, so dass andere rasch wissen, woran sie bei ihnen sind. Eine besondere Stärke von ihnen ist, dass sie schnell Entscheidungen treffen können. Bei Wettbewerben sind sie ehrgeizig und geben alles. Sie werden als Menschen mit einer sehr positiven Lebenseinstellung wahrgenommen. Sie sind extrovertiert und ihre Wahrnehmung ist vor allem nach außen gerichtet. Sie gelten als ungezwungen und gesprächig. In Momenten, wo die Aktiven etwas berührt oder beschäftigt, werden sie emotional. Freunde rufen sie gern, wenn es irgendwo „brennt". Dabei besitzen sie die Fähigkeit, augenblicklich das Wesentliche zu erkennen und im Auge zu behalten. Sie leben in der Gegenwart, im Hier und Jetzt. Außerdem kommen sie schnell zur Sache und in letzter

Konsequenz zählt für sie das Ergebnis. Häufig werden die Aktiven für ihren Kampfgeist bewundert und sprühen oft vor Begeisterung. Wenn Veränderungen anstehen, sind sie schnell dabei.


Risiken


Viele Aktive sind sehr empfänglich für Status-, Prestige- und Machtansprüche und derartige Symbole dafür. Ihnen wird nachgesagt, sie seien geltungsbedürftig und stünden gern im Mittelpunkt. Dabei können sie auf andere Persönlichkeitstypen sehr hektisch wirken. Mitmenschen fühlen sich häufig von ihrer Dominanz erdrückt. Aufgrund der Tatsache, dass sie sich durchsetzen wollen (und auch können) wirken sie stur. Da sie ihre Entscheidungen sehr schnell treffen, stoßen sie andere häufig vor den Kopf, besonders diejenigen, die gerne noch ein Für und Wider einbringen möchten. Das Aneignen von theoretischem Wissen nehmen Aktive, wenn es notwendig ist, in Kauf, jedoch nur ungern. Geduld gegenüber Mitmenschen ist selten vorhanden. Sie können schnell verletzend werden. Ihre Emotionen „schäumen" zuweilen schnell über. Insbesondere dann, wenn sie verlieren. Falls sie merken, dass siekeinen Einfluss auf eine Sache oder ein Problem haben, können Sie ziemlich unangenehm werden. Sie schaffen sich häufig selbst Probleme, da sie ständig nach Abwechslung suchen.

Meiner Erfahrung nach gibt es bei den Aktiven zwei grundlegende Tendenzen: Solche, die ihren Persönlichkeitsstil für andere einsetzen, z.B. in Form von Unterstützungen bei Problemen, Hilfsorganisationen, sozialer Ungerechtigkeit, Menschenrechte usw. und jene, die hauptsächlich ihre eigenen Ziele verfolgen. Beide Typen weisen ähnliche Stärken und Risiken auf und haben in unserer Gesellschaft einen wichtigen

Stellenwert, vorausgesetzt, sie kommen in den richtigen Positionen zum Einsatz.

## 2.7.3 Der Denker/Stratege

### Stärken

Denker/Strategen lieben es, sich mit Details zu beschäftigen. Sie prüfen und analysieren die Dinge sehr genau. Dabei schützt ihr kritisches Denken sie vor Fehlentscheidungen. Durch ihr analytisches Vorgehen ahnen (oder wissen) sie meist schon vorher, was passieren wird. Ihre Denkweise ist ohnehin eher in die Zukunft gerichtet. Sie legen eine große Ausdauer an den Tag, wenn sie sich mit etwas beschäftigen. Dabei sind sie sehr gründlich und können gut in großen Zusammenhängen denken. Wenn Denker / Strategen etwas erreichen wollen, verhalten sie sich äußerst diplomatisch. Ihre Argumentation ist sachlich fundiert und kaum zu widerlegen. Ihr aufmerksames und gutes Zuhören wird von vielen Mitmenschen geschätzt. Zudem sind sie wortgewandt. Wenn sie etwas zusagen, kann man sich auf sie verlassen. Emotional können sie sich gut beherrschen. Denker/Strategen haben keine Schwierigkeiten über einen gewissen Zeitraum hinweg alleine zu sein. Wenn sie jedoch Beziehungen zu anderen Menschen eingehen (und es kann auch sein, dass sie einen großen Freundeskreis haben), dann halten sie lange und treu daran fest.

## Risiken

Denker/Strategen halten häufig zu lange an Details fest und analysieren auch dann noch, wenn andere es für nicht mehr notwendig halten. Das kann u.a. dazu führen, dass Entscheidungen zu spät getroffen werden, weil sie zu vorsichtig sind. Wenn sie sich zu sehr in der Theorie verbissen haben, kommt der praktische Anteil oft zu kurz. Durch ihre Liebe zum Detail werden sie von ihrer Umgebung oft als Wortklauber empfunden. Ebenso wird ihre Ausdauer und häufig verfestigte Meinung hin und wieder als stur wahrgenommen. Da sie von ihrer Wesensart eher rational sind und sie zudem über eine hohe Selbstbeherrschung verfügen, werden sie häufig als kühl und unnahbar gesehen. Bei einer sehr starken Ausprägung dieses Persönlichkeitsstils kann es sein, dass der ständige Einsatz von Rhetorik und Dialektik anderen oft Angst einflößt und das Vertrauensverhältnis beeinträchtigt. Die zuweilen pingelige Art, die Denker/Strategen an den Tag legen, fördert das zusätzlich. Ihre manchmal ironische bis sarkastische Art kann durchaus beleidigend sein. Oftmals werden sie aufgrund ihres Bedürfnisses, sich zurückzuziehen, um alleine zu sein, als Eigenbrötler bezeichnet. Und problematisch kann auch ihr Festhalten an langen Beziehungen sein, wenn diese nicht mehr funktionieren.

So! Jetzt habe ich Dir einen Überblick über die gängigen Persönlichkeitsstile gegeben und Du wirst Dich in dem einen oder anderen mit Sicherheit wiederfinden, vielleicht auch in mehreren. Das ist normal. Es gibt sehr selten reine Typen. Meistens haben wir eine Hauptpräferenz. Wir sind in erster Linie Harmoniker, Aktiver oder Denker/Stratege. Und immer finden sich in unserer Persönlichkeit auch mehr oder weniger große Anteile eines zweiten und dritten Stils. So kann ein Aktiver sich durchaus mit viel Ausdauer in ein Thema verbeißen, was ja eigentlich seinem Naturell widerspricht. Ebenso kann ein Denker/Stratege auch mal reden wie ein Wasserfall. Übrigens gibt es bei allen drei Stilen kein gut oder schlecht. Jeder Stil hat Vor- und Nachteile, wie Du ja schon lesen konntest. Und jeder diese Persönlichkeitsstile verfügt natürlich über Emotionen, egal ob mehr oder weniger oder wie sie sich zeigen oder auch nicht zeigen. Es ist natürlich sehr hilfreich zu wissen, welcher der Persönlichkeitsstile Dir am meisten entspricht, weil Du dann besser verstehen kannst, weshalb Du in bestimmten Situationen so reagierst, wie Du nun mal reagierst. Das heißt natürlich nicht, dass Du nicht an manchen Risikofaktoren arbeiten darfst. Das nennt sich Entwicklung und jeder Mensch ist entwicklungsfähig, oder was meinst Du?

### 2.7.4    Konfliktpotenziale der Persönlichkeitsstile

Dieser Abschnitt ist für mich einer der herausforderndsten in diesem Buch. Denn auch in mir dominiert ein Persönlichkeitsstil und sorgt dafür, dass ich bestimmte Eigenschaften an anderen Stilen (unbewusst) ablehne. Wo ich diesbezüglich hingehöre, werde ich hier nicht verraten, denn es geht in dem Buch ja nicht um mich. Und ich werde beim Erörtern der Konfliktpotenziale neutral sein. Das bringt Dich am weitesten.

Es gibt hier so viele Möglichkeiten für einen Konfliktbeginn. Es geht schon bei Kleinigkeiten los.

Ich habe oben erwähnt, dass der Harmoniker seinem Gegenüber oft körperlich zu nahekommt. Hat nun beispielsweise ein Denker/Stratege ein Problem, ist es für den Harmoniker völlig normal, dem anderen beruhigend die Hand auf die Schulter zu legen. Das kommt beim Denker/Strategen jedoch nicht so gut an. Er ist eher der distanzierte Typ. Das Gute dabei ist, letzterer kann sich beherrschen und wird nicht gleich an die Decke gehen. Doch zu oft sollte der Harmoniker dies nicht tun, sonst zeigt der Denker/Stratege schnell auch mal seine sarkastische Seite, was wiederum den Harmoniker verletzt. Und schon können die beiden in einen Konflikt geraten.

Oder stelle Dir folgende Situation vor: Ein Aktiver, ein Harmoniker und ein Denker/Stratege arbeiten an einer gemeinsamen Aufgabe. Das kann sehr spannend werden. Der Harmoniker erzählt sehr ausführlich, was er zu dem Thema denkt, das mag der Denker/Stratege noch hinnehmen können. Dem Aktiven platzt jedoch sehr schnell der Geduldsfaden. Er möchte zum Punkt kommen. Weil er mit seinen Emotionen nur schwer hinter dem Berg halten kann, könnte er schon mal laut werden. Daraufhin ist der Harmoniker irritiert. Nun kommt auch noch der Denker/Stratege dazu, der die Ausgangssituation sachlich analysiert und verschiedene Theorien zur Lösung der Aufgabe miteinbringt. Der Aktive will jedoch möglichst schnell zu einer Lösung und Entscheidung kommen. Damit ist der Denker/Stratege jedoch nicht einverstanden. Er möchte noch ein paar Risiken aufzeigen, die es zu beachten gilt. Zwischen Denker/Stratege und Aktivem kommt es zu Auseinander-setzungen: Wie soll die Aufgabe nun gelöst werden? Der Harmoniker fühlt sich von dem ganzen Tumult überfordert und versucht zu schlichten. Ich hoffe für ihn, er tut es mit wenigen Worten, sonst sind da gleich zwei, die ihn angiften. Denn viele Worte sind für den Denker/Strategen unerträglich, es sei denn, er kann seine eigenen Analysen vorstellen. Und der Aktive mag zu viel Gerede ebenfalls nicht, es sei denn, er ist der Wortführer und steht im Mittelpunkt. Die einzige Chance: Alle drei kennen und akzeptieren die Persönlichkeitsstile der jeweils anderen. Im Idealfall lassen sie eine vierte Person das Ganze moderieren.

In einem Unternehmen beobachtete ich einmal folgende Situation: Die Kollegen saßen zusammen beim Frühstück. Etwas verspätet kam ein Harmoniker dazu, der im Grunde sehr beliebt war. Nur wenn es Probleme gab, fiel er oft ins Jammern. Der Harmoniker setzte sich also hin und begann in allen nur möglichen Varianten zu seufzen. Klar, er wollte, dass jemand fragt, was denn los sei. Nur was passierte? Innerhalb von fünf Minuten war der Raum leer. Nur er saß immer noch da und seufzte. Jammern kommt bei den anderen Persönlichkeitsstilen nicht gut an. Der jammernde Harmoniker war darüber natürlich bestürzt. Zum Glück kam noch ein anderer Harmoniker vorbei, der ihm sein Ohr schenkte.

Ein weiteres Beispiel: Ein Denker/Stratege und ein Aktiver sitzen nach einer Tagesveranstaltung mit anderen Kollegen an einem Tisch. Der Aktive ist jemand, der nicht nur den ganzen Tisch unterhält, sondern hin und wieder auch noch von seinen ganzen Erfolgen, die er in der letzten Zeit eingefahren hat, erzählt. Natürlich ist er auch witzig. Der eine oder andere ist ganz froh darüber, dass er sich mal zurücklehnen kann, weil ein anderer für die Unterhaltung sorgt. Doch da ist auch noch der stark ausgeprägte Denker/Stratege, dem das „Geschwafel" des Aktiven auf den Geist geht. Natürlich beherrscht er sich. Allerdings gelingt ihm das nur bis zu einem bestimmten Punkt. Irgendwann fängt er an, zu hinterfragen. Das empfindet der Aktive natürlich sofort als Angriff. Und wenn dann auch noch Alkohol im Spiel ist, kann es schnell zu einer Eskalation kommen.

Oder: Ein Paar, eine Aktive und ein Denker/Stratege leben zusammen. Die Aktive regt sich, nachdem die erste Liebe verflogen ist, darüber auf, dass immer sie die Entscheidungen über gemeinsame Unternehmungen trifft. Der Denker/Stratege versteht das gar nicht. Er würde es ja auch tun, nur kommen die Ideen oft schon schneller von der anderen Seite. Und wenn sie gut sind, warum denn dann nicht? Beide Partner verstehen sich in dieser Hinsicht überhaupt nicht. Wenn dann noch andere Kleinigkeiten dazukommen, kann schnell ein Konflikt entstehen.

Ein letztes Fallbeispiel: Ein Mischtyp aus Aktivem und Harmoniker lernt in einer kleinen Gruppe einen Denker/ Strategen kennen und finden sich sympathisch. Der aktive Harmoniker hat immer viel zu erzählen, die anderen auch, der Denker/Stratege hört aufmerksam zu und überlegt, wie ggf. geholfen werden kann. Mit der Zeit legt der aktive Harmoniker einen Gang zu und beginnt vermehrt andere zu unterbrechen, wenn diese etwas von sich berichten möchten. Irgendwann treffen sich der aktive Harmoniker und der Denker/Stratege auch mal alleine. Letzterer beginnt zu erzählen, was er gerade für Pläne schmiedet. Der aktive Harmoniker gibt nun alles: Er unterbricht, schweift aus und beginnt dem Denker/Strategen unaufgefordert zu erklären, wie er was am besten anstellen soll. Nun rate mal, was passiert! Für den Denker/Strategen kommen nur zwei Varianten in Frage: Angriff oder Flucht. Und egal, für welche er sich entscheiden wird, sein Verhältnis zu dem aktiven Harmoniker wird beendet sein, bevor es richtig begonnen hat.

Ich könnte Dir hier noch so viele Beispiele aufführen, die zum großen Teil auf die verschiedenen Persönlichkeitsstile zurück zu führen sind. Vielleicht fallen Dir noch ein paar ein. Nur kann ich mir jetzt auch gut vorstellen, dass ich Dich mit allem sehr verwirrt habe. Du denkst sicher, wenn durch diese unterschiedlichen Stile immer wieder schwierige Momente auftreten, dann gehe ich lieber nicht aus dem Haus. Keine Sorge, das sind alles nur Möglichkeiten, in denen Konflikte entstehen können. Die Lösung in allem liegt in dem Bewusstsein des Stils des anderen und in deren Akzeptanz. Beispielsweise können sich Harmoniker, Aktive und Denker/Stratege wunderbar in der Lösung von Aufgaben zusammentun, wenn jeder seine Stärken mit einbringt und etwas nachsichtig ist mit den Schwächen des Gegenübers. Ebenso kann unser Aktiver-Denker/Stratege-Paar wunderbar zusammenleben, wenn sie ihre Eigenschaften kennen. Was ist so schlimm daran, wenn einer der Ideensprudler ist, dafür der andere die Finanzen perfekt im Überblick hat?

Ich habe in meinem Freundeskreis alle Typen und ich liebe jeden einzelnen. Und wenn uns was zu viel wird, dann sprechen wir es an oder lachen es humorvoll weg. Also keine Sorge! Frieden ist machbar!

## 2.8    Nähe oder doch lieber Distanz?

Ein unangebrachter Umgang mit Nähe und Distanz kann zu Konflikten führen. Sehen wir uns noch einmal die Persönlichkeitstypen an, besonders den Harmoniker und den Denker/Strategen.

Wenn Du dem Harmoniker distanziert begegnest, verunsichert ihn das sehr. Nun stellt sich wieder die Frage, spricht er das an oder nicht. Falls nicht, kann beim Harmoniker schnell das Kopfkino anspringen und er könnte in einer späteren Situation mit Dir eventuell in irgendeiner Weise überreagieren.

Beim Denker/Strategen verhält es sich genau andersherum. Denn er braucht die Distanz in Beziehungen und kann mit zu großer Nähe nur schlecht umgehen. Dabei ist der Denker/Stratege in der Lage, dies auch klar zu kommunizieren, wenn er/sie sich nicht in einem direkten Abhängigkeitsverhältnis befindet. Ich führte mal in einem Unternehmen ein Teambildungscoaching durch. Der Chef war mit der Bitte an mich herangetreten, etwas für die Verbesserung des Betriebsklimas zu tun. Als erstes führte ich eine Ist-Analyse durch. Dabei zeigte sich folgendes: Der Chef war sehr besorgt um eine Mitarbeiterin, die sehr verschlossen war und in seinen Augen fast schon mauerte. Die Mitarbeiterin hingegen (das erfuhr ich von ihr) arbeitete lieber in Ruhe für sich und war genervt, dass der Chef immer wieder auf sie zukam und fragte, ob auch alles in Ordnung sei. Letztlich verkrampfte sich das Verhältnis zwischen beiden immer mehr, obwohl sie eigentlich Sympathie füreinander empfanden. Hier siehst Du ganz klar: Der Chef ist Harmoniker und die Mitarbeiterin Denkerin/Strategin. Bei beiden ist der Typ jeweils stark ausgeprägt. Und wie gelang es mir, diese verhärtete Situation zu lösen? Ich setzte ein Gespräch zu dritt an und besprach in einer offenen Atmosphäre die Persönlichkeitstypen sowie deren jeweilige Bedürfnisse. Daraufhin schlossen Chef und Mitarbeiterin sehr schnell einen Kompromiss. Er hielt sich ab sofort zurück und sie versprach, auf ihn zuzugehen, sollte sie etwas auf dem Herzen haben. Beide setzten dies sofort um und kamen so wunderbar miteinander klar, dass es mich richtig berührte. Ich finde es immer wieder beeindruckend, wie schnell und effektiv Nähe-Distanz-Probleme auf dieser Grundlage gelöst werden.

Ein weiterer wichtiger Aspekt sind die Distanzzonen, die jeder bewusst oder unbewusst hat. Die kleinste Distanzzone ist *die intime Distanzzone*. Sie umfasst einen Radius von ungefähr 50 cm. Dabei brauchen wir vor uns den meisten Raum, an den beiden Körperseiten etwas weniger „Luft" und hinter uns, also im Rücken sind wir am unempfindlichsten. Stell Dir einfach vor, um Deinen Körper herum befände sich ein unsichtbares Ei. In diese Distanzzone dürfen nur Dein Partner, Deine Kinder (falls Du welche hast) und eventuell auch Deine Eltern eindringen. Niemand sonst! Eine kurze Umarmung von Freunden akzeptieren wir. Und wenn wir Angst haben, darf uns vielleicht auch mal jemand die Hand halten, das war es aber auch schon.

Die *private Distanzzone* liegt zwischen 50 cm und 150 cm. In dieser Distanzzone finden alle Formen von Gesprächen statt, übrigens auch Konfliktlösungsgespräche. Wenn mehrere Personen an einem Tisch sitzen, ist entscheidend, wie weit die Dir am dichtesten sitzende Person entfernt sitzt. Sitzt sie in diesem Abstand, ist die Verbindung zu den anderen Teilnehmern genauso stark. Du kannst also auch den Entferntesten fragen, was ihm auf dem Herzen liegt. Solltet Ihr dann jedoch in einer Pause alleine im Raum sein, könnt Ihr über eine größere Entfernung nur über allgemeine Sachen, wie das Wetter reden. Es ist sehr spannend zu beobachten, was passiert, wenn dennoch persönliche Themen angesprochen werden. Einer von Euch beiden steht auf und setzt sich zu dem anderen. Das passiert unbewusst. Wir suchen dabei wieder die *persönliche Distanzzone* auf. Denn in der nächsthöheren, der *öffentlichen Distanzzone* über 150 cm finden keine persönlichen Gespräche statt. Das leuchtet ein, nicht wahr? Setze Dich also am besten immer in die *persönliche Distanzzone* Deines Gegenübers, wenn Du etwas zu besprechen hast.

Nur wo ist jetzt hier das Konfliktpotenzial? Zum einen, wenn auch gering, in der öffentlichen Distanzzone. Es kommt nicht zu Gesprächen, jedoch schneller zu Angriffen, die Distanz wird als groß genug empfunden.

Zum anderen findest Du Konfliktpotenzial in der *intimen Distanzzone*. Sicher kennst auch Du Menschen, die Dir bei einem Gespräch zu nahekommen. Du gehst vorsichtig auf Abstand, Dein Gegenüber rückt nach. Immer wieder. Und innerhalb von fünf Minuten habt Ihr den ganzen Raum durchquert. Dein Unbehagen steigert sich zur Aggression und wird immer größer. Wenn dann noch schwierige Themen besprochen werden, kann es sein, dass Du ganz schnell auf 180 bist. Mach Dir deswegen bitte keinen Vorwurf! Deine Reaktion ist völlig natürlich. Die Distanzzonen, insbesondere die *intime Distanzzone*, sind in unseren Urinstinkten verankert. Das Einzige, was Du rechtzeitig tun kannst: Nimm Dir Deinen Raum, indem Du es freundlich ansprichst. Ich nutze dafür gerne mit einem kleinen Zwinkern den Hinweis, dass ich etwas mehr Raum benötige. Sei Dir bewusst, dass andere Dir nicht auf die Pelle rücken, um Dich zu provozieren. Den Umfang der *intimen Distanzzone* mit etwa 50 cm zu bemessen, ist nur ein Durchschnittswert. Bei dem einen kann sie nur 30 cm groß sein, bei dem anderen sind es 60 cm. Wichtig ist zu wissen, dass jeder nur soweit an den anderen herantritt bis seine persönliche *intime Distanzzone* erreicht ist. Das heißt also derjenige mit 30 cm ist bei dem mit 60 cm schon weit in dieser Distanzzone des Gegenübers.

Teste doch mal Deine *intime Distanzzone* aus. Geh auf einen Freund/eine Freundin so nah zu, bis es für Dich unangenehm wird. Solltest Du jetzt noch ein Metermaß zur Hand haben, kannst Du flugs Deine *intime Distanzzone* messen. (Bitte weihe Dein Gegenüber ein, bevor Du dieses Experiment machst!)

Und wehre Dich freundlich und dennoch bestimmt gegen Menschen, die eine kleinere Distanzzone haben als Du. Gib ihnen ein Feedback, damit sie wissen, wie weit sie gehen dürfen. Wenn das nicht geklärt ist, und Ihr immer wieder miteinander zu tun habt, wird Euer Verhältnis sonst Schaden nehmen. Denn die Bereitschaft, mit Menschen, die uns zu nahekommen, in einen Konflikt zu gehen, ist sehr groß. Noch spannender wird es, wenn Alkohol ins Spiel kommt. Wusstest Du, dass mehr als 80% der körperlichen Auseinandersetzungen auf Alkohol zurück zu führen sind? Kommt jemand einem alkoholisierten Menschen verbal oder körperlich zu nahe, kann schnell eine Prügelei entstehen. Der Hintergrund ist ganz einfach. Unter Alkoholeinfluss sinkt die Hemmschwelle, sich gegen Bedrohungen zu wehren wesentlich.

Also achte darauf, dass Du niemandem zu nahekommst und ziehe klare Grenzen, solltest Du Dich von jemandem bedrängt fühlen. Das kann übrigens auch auf verbaler Ebene der Fall sein. Unangemessene Fragen, die Dein Privatleben betreffen oder die Benutzung Deines Kosenamens von Menschen, die Dir nicht nahestehen, sind nur zwei Beispiele von vielen.

Alles in allem: Werden die Distanzzonen geachtet, kommt es viel weniger zu Konflikten. Denn in sehr vielen spielt dieses Thema, wenn auch unbewusst, eine große Rolle.

# 3 Entstehungsmöglichkeiten eines Konfliktes

## 3.1    Konfliktkreislauf

Bei diesem Modell handelt es sich um eine mögliche Grundlage, wie Konflikte entstehen. Es soll Dir einen kleinen Einblick geben, bevor wir in den nächsten Kapiteln tiefer gehende Entstehungsmöglichkeiten betrachten. Der Konfliktkreislauf besteht aus den folgenden Phasen:

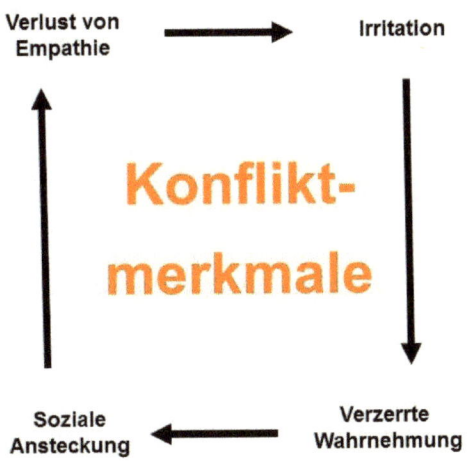

### 3.1.1    Irritation

Ein Konflikt beginnt zunächst mit einer kleineren oder größeren Irritation.

Ein Beispiel: Stell Dir vor, Du hast eine tolle Idee in Deinem Job (kommt übrigens häufiger vor, als Dir manchmal bewusst ist, oder?). Enthusiastisch besprichst Du sie mit einer Kollegin. Diese findet die Idee nicht umsetzbar und redet sie Dir aus. Beim nächsten Meeting präsentiert sie stolz eine auf Deiner Idee aufbauende Lösung. Wie geht es Dir damit? Wenn Du jetzt sagst: „Ach, ist schon okay, sie kann das eh besser.", solltest Du dringend an Deinem Selbstwertgefühl arbeiten. Ich gehe jedoch einfach davon aus, dass Du irritiert (wenn nicht gar wütend) bist. Und eine solche Irritation ist häufig die Keimzelle eines Konflikts. Natürlich hoffe ich, dass Du die Kollegin im Nachhinein auf ihr Verhalten ansprichst. Doch egal, ob Du sie zur Rede stellst oder nicht - Du wirst sie in den nächsten Tagen und Wochen genauestens beobachten. Und sollte bei Dir auch nur der Hauch eines Gefühls entstehen, dass Dir diese Kollegin wieder eine Idee klaut, steigst Du auf die nächste Stufe des Konflikts.

### 3.1.2    Verzerrte Wahrnehmung

Ich habe ganz bewusst im vorigen Absatz davon gesprochen, dass bei Dir eine Vermutung entstehen kann, dass wieder etwas passiert. In der Realität muss es nämlich gar nicht so sein, dass sie noch einmal Deine Idee verwendet. Außerdem arbeitet die Kollegin ja an ähnlichen Themen und so kann es durchaus sein, dass auch ähnliche Ideen entstehen. Wenn Du jetzt nicht sehr bewusst auf Dich aufpasst, kann es ganz schnell zu einer verzerrten Wahrnehmung kommen. Dann wirst Du die Idee deiner Kollegin als eine ursprüngliche Idee von Dir wahrnehmen, obwohl es nicht der Fall sein muss. Die verzerrte Wahrnehmung kann sich so äußern, dass Du eine Situation überinterpretierst oder, was die Kollegin angeht, hinter jedem Baum einen Geist siehst. Die eigentliche Ursache hierfür ist, dass Du irritiert oder auch verletzt bist, weil die Kollegin Deine Idee als ihre verkauft hat. Häufen sich nun solche verzerrten Wahrnehmungen, tritt der Konflikt schnell in die nächste Phase ein.

### 3.1.3 Soziale Ansteckung

Kennst Du das Gefühl, dass Du gleich platzt, wenn Du über Dein Thema nicht reden kannst? Wenn Du eine Frau bist auf alle Fälle. Wir Frauen haben nämlich etwas andere Muster in solchen Situationen. Jedoch auch Männer kennen dieses Gefühl in Konfliktsituationen nur zu gut. Sie machen es zwar häufiger mit sich im stillen Kämmerlein aus, doch bei weitem nicht alle. Deswegen tappen Männer ebenso wie Frauen in die Falle der sozialen Ansteckung hinein. Dass Du Dir das Thema von der Seele reden musst, ist normal. Sicher geschieht das auch mit dem Hintergrund, durch andere Hinweise eine Lösung zu finden. Die Frage ist nur, wie und wo holst Du Dir Rat, im privaten Rahmen oder im beruflichen? Eins ist klar: Dein Dir wohl gesonnenes Umfeld wird nicht teilnahmslos mit Deinem Thema umgehen (es sei denn, sie sind in Sachen Konfliktmanagement geschult). Natürlich kann es sein, dass Dir jemand aus Deinem Umfeld wirklich konfliktlösende Tipps gibt. Meist ist es jedoch so, dass Dein Umfeld sich von Deinem Thema „anstecken" lässt und sich mit Dir gegen die Kollegin verbündet. Im beruflichen Umfeld ist so etwas natürlich noch verheerender als im privaten. (Auf das berufliche Umfeld komme ich bei den Eskalationsstufen nochmal ausführlicher zurück). Doch auch die soziale Ansteckung innerhalb des privaten Umfeldes hat Auswirkungen auf Dich und Deinen Konflikt. Er verstärkt Deine teilweise schon verzerrte Wahrnehmung enorm und kann Dich noch wütender machen. Geh das Ganze besser etwas professioneller an! Gib dem (sehr menschlichen) Drang, über den Konflikt und Deine Gefühle reden zu wollen, ruhig nach. Doch kündige es einfach mit „Ich muss nur mal Luft ablassen!" an. Dann (Verzeihung) kotz Dich mal richtig aus und anschließend kannst Du wieder klarer denken. Du kannst natürlich auch ins Fitnessstudio gehen und an Geräten Dein Adrenalin abbauen. Eine sehr gute Idee! Schau einfach, was Dir am besten hilft. Und bedenke dabei: Ein Hineinziehen Deines Gegenübers in den Konflikt führt zur sozialen Ansteckung. Und das ist nicht gut für Dich und Dein

Umfeld, denn der Konflikt nimmt so unweigerlich Kurs auf die nächste Stufe.


## 3.1.4 Empathieverlust


Empathie ist mit das grundlegendste „Instrument" im Umgang mit Deinen Mitmenschen. Ohne Empathie ist ein Miteinander nicht möglich. Aggressive Grundhaltungen oder Stimmungen sorgen jedoch immer wieder für den Verlust von Empathie. Dann nimmst Du nicht mehr die Bedürfnisse des Gegenübers wahr. „Bitte" und „Danke", also die einfachsten Sachen des positiven Miteinanders, gehen verloren. Du siehst plötzlich negative Eigenschaften in Deinem Gegenüber, die Dir nie aufgefallen sind und beginnst Vorurteile aufzubauen. Du vergleichst Dich mit der anderen Person und findest Dich natürlich wesentlich moralischer und wertvoller. Vielleicht glaubst Du jetzt: „So würde ich nie denken!" Doch wenn Du ehrlich mit Dir selbst bist, dann wirst Du sicher zugeben können, dass sich in der Vergangenheit oder auch in der Gegenwart, solche Gedanken schon durch Deinen Kopf bewegt haben. (Schließlich sind wir alle ja keine Engel. Ich ganz sicher auch nicht.) Interessant ist hierbei, dass es nicht bei diesen Gedanken bleibt. Auf Gedanken folgen Taten. Da wird der Kollegin eben mal kein Kaffee vom Automaten mitgebracht. Gemeinsame Pausen? No way! Selbst wenn Du Dich im Umgang mit der anderen als wohlwollendes Wesen zusammenreißen magst, Dein Körper spricht Bände! Und das spürt Dein Gegenüber. Da sie sich nicht erklären kann, was plötzlich in Dich gefahren ist, ist sie natürlich irritiert. Wenn nun keiner von Euch beiden dieses Dilemma zeitnah zur Sprache bringt und Ihr es endgültig lösen könnt, beginnt der Kreislauf von vorne. Sie ist irritiert - und so weiter und so fort!

## Abschließende Worte

Du hast gerade gesehen, was passiert, wenn der Konfliktkreislauf erstmal beginnt. Wer um die Mechanismen nicht weiß, bewegt sich schnell von Stufe zu Stufe. Du kennst den Kreislauf jetzt. Du kannst künftig rechtzeitig eingreifen, um Schlimmeres zu verhindern, indem Du Deine Irritation sofort zur Sprache bringst. Und höre Dir genau an, was Dein Gegenüber dazu zu sagen hat. Solltest Du direkt nach dem Vorfall zu emotional sein, dann schlafe ruhig eine Nacht darüber. Bis zum nächsten Morgen wird sich an der Situation kaum etwas ändern, doch Du kannst sachlicher in das Gespräch gehen. Das ist sehr wichtig! Ein Tipp: Ist der Sachverhalt geklärt und eine Einigung erzielt, so stellt gemeinsam Regeln auf. Anschließend lehne Dich zurück. Gut gemacht! Gehe wieder vorurteilsfrei mit ihr um und vertraue auf die Einhaltung der Regeln. Sollte es dennoch wieder zu einer vergleichbaren Konfliktsituation kommen (real, nicht gefühlt!), kannst Du Dir immer noch weitere Schritte überlegen.

## 3.2 Die vier Spiele des Lebens

Du fragst Dich sicher häufig, wie Auseinandersetzungen entstehen oder was unsere Emotionen uns dabei für Streiche spielen können. Jetzt zeige ich Dir auf, was tagtäglich in Deinem Leben mal mehr und mal weniger passieren kann, wie wir in unsere Emotionsfallen hineintappen und wie Du jederzeit aus diesen „Spielen" aussteigen kannst.

Nehmen wir z.B. Familie Lehmann: Vater Lehmann arbeitet sehr viel, seine Frau und sein kleiner Sohn sehen ihn kaum. Um mehr Zweisamkeit zu genießen, beschließt das Paar, einen romantischen Abend mit einem leckeren Essen bei Kerzenschein zu verbringen. Mutter Lehmann kocht das Lieblingsgericht ihres Mannes, Junior geht etwas früher ins Bett, Vater Lehmann kommt pünktlich von der Arbeit. Die Eheleute genießen ihren Abend. Irgendwann fällt Vater Lehmann auf, dass ja die Zeitung noch auf dem Couchtisch liegt. Mutter Lehmann erzählt, dass ihre Freundin noch da war, sie sich zu lange unterhalten haben, so dass sie es nicht mehr geschafft habe, aufzuräumen. Die Stimmung wird etwas dunkler. Nach einer Weile fragt Mutter Lehmann ihren Mann, ob er die Telefonrechnung schon bezahlt habe. Er verneint und meint, das könne er morgen noch tun. Sie wiederum hält es in dem Moment für wichtig, diese schon mal aus dem Arbeitszimmer zu holen - und nun geht's los. Nach einer Weile kommt seine Frau mit den Worten zurück: „Du könntest dein Arbeitszimmer auch mal aufräumen!" Wütend bricht Vater Lehmann das Essen ab. In dem Moment steht Junior in der Tür: „Papa, ich wollte dir noch sagen, dass mein Fahrradreifen kaputt ist." Jetzt schnauzt Vater Lehmann seinen Sohn an und schickt ihn wieder zurück ins Bett. Wie der Rest des Abends verläuft, kannst Du Dir sicher vorstellen. Was ist passiert?

### 3.2.1    Spiel 1: Rechtfertigungsspiel

Womit, meinst Du, ging das ganze Desaster los? Richtig, mit der Zeitung. Vater Lehmann machte seine Frau darauf aufmerksam, dass diese noch auf dem Couchtisch liegt. Und was ging in Mutter Lehmann vor? Sie schämte und rechtfertigte sich, weshalb die Zeitung da noch liegt. Dieses Verhalten nennen wir *Rechtfertigungsspiel*. Manchmal nehmen wir eine Aussage unseres Gegenübers als einen Angriff auf uns wahr und interpretieren etwas hinein, was vermutlich gar nicht so gemeint war. In uns entstehen negative Gefühle, wie Verletztheit, Wut, Scham, Unsicherheit usw. Es wäre in der oben genannten Situation von Mutter Lehmann richtiger gewesen, zu sagen: „Wie meinst du das, Schatz?" oder: „Stört Dich die Zeitung, Liebling?" Auf diese Weise hätte Mutter Lehmann sich einfach rückversichern können, ob ihre Interpretation überhaupt mit der Realität übereinstimmt. Es hätte ja auch sein können, dass Vater Lehmann die Zeitung noch hätte lesen wollen und folglich froh war, dass sie noch da ist. Und das ist auch die Lösung in diesem Spiel: Nachfragen! Nicht rechtfertigen!

Wir rechtfertigen uns mehr, als es uns bewusst ist (diese Spiele laufen nämlich nicht auf der bewussten Ebene ab, das wäre ja auch zu einfach). Wir rechtfertigen uns, weil der Schreibtisch nicht aufgeräumt ist, weil wir an einem sonnigen Tag doch lieber nur auf der Couch liegen, als durch den Wald zu joggen, weil wir bestimmte Aufgaben noch nicht erledigt haben usw. Ich möchte Dich an dieser Stelle jedoch darauf hinweisen, dass es einen Unterschied zwischen Erklärung bzw. Richtigstellung und Rechtfertigung gibt. Erklärungen bzw. Richtigstellungen lösen eine Situation auf. Rechtfertigung hingegen nicht. Was heißt das jetzt für Dich? Zum einen frage bitte nach und rechtfertige Dich weniger – wenn Du es richtig gut machst, dann rechtfertigst Du Dich überhaupt nicht (mehr). Glaube mir das ist nur eine Frage der Übung. Befindest Du Dich in einer Situation wie Mutter Lehmann, so fühle in Dich hinein. Falls Du eine negative Emotion orten solltest, dann gehe nicht darüber hinweg, sondern sprich sie an. Zum anderen ist es umgekehrt wichtig, dass Du Deinem Gegenüber zuhörst. Wenn dieser sich rechtfertigt, löse die Situation schnell auf und kommuniziere, wie Du das vorher Gesagte gemeint hast. Damit gibst Du Euch die Chance, Schlimmeres zu verhindern.


## 3.2.2　Spiel 2: JEHIDES


Gehen wir in unserer Geschichte weiter. Was kam nach der Zeitung? Genau, die Telefonrechnung. Und Du hast sicher schon bemerkt, dass die Telefonrechnung nicht wirklich wichtig war, sondern dass etwas ganz anderes dahintersteckte. Mutter Lehmann wusste, dass das Arbeitszimmer ihres Mannes nicht aufgeräumt war. Sie gab nur vor, die Telefonrechnung unbedingt holen zu müssen, um es ihm vorhalten zu können. Sie musste sich unbewusst für die vermeintlichen Vorwürfe ihres Mannes, die ihr negative Gefühle bescherten, revanchieren. Im Grunde war es Rache. Eric Berne, der Begründer der Transaktionsanalyse, nennt dieses Spiel 2 *JEHIDES*. Und *JEHIDES* steht für „Jetzt habe ich dich endlich, du Schweinehund" Lustiger Name für eine ernste Sache, nicht wahr? (Naja, wir müssen in der Psychologie ja auch nicht immer todernst sein.) Was verbirgt sich nun dahinter? Wenn uns unsere Emotionen in der Amygdala wieder einen Streich spielen und wir das nicht gleich erkennen, sondern in die sofortige Kommunikation mit dem Gegenüber gehen, fühlen wir uns in irgendeiner Form verletzt. Das haben wir bei Spiel 1 bereits gelernt. Und wir benötigen immer eine Art Ausgleich, um unsere innere Waage wieder ins Gleichgewicht zu bringen. Also versuchen wir unser Gegenüber ebenso zu verletzen. Das klingt soweit erstmal plausibel und schnell durchschaubar. Es kann auch sein, dass Spiel 2, wie bei den Lehmanns schnell auf Spiel 1 folgt oder noch besser: sofort in unsere oft so geliebten „Ja, aber …"-Reaktion abdriftet. Auf diese Weise entstehen übrigens auch Streitgespräche. Beobachte es mal, das ist sehr spannend.

Kniffliger wird es, wenn Spiel 2 erst zeitversetzt und noch dazu zu einem vollkommen anderen Thema erfolgt. Das ist sehr häufig der Fall. Ich gebe Dir dazu ein Beispiel aus meiner praktischen Arbeit. Vor vielen Jahren besprach ich in einer kurzen Sequenz im Seminar zum Thema „Professionelles Auftreten im Business" mit Frauen, welche Farben wir bei einem öffentlichen Auftritt zusammen tragen können. Mit dabei war eine Frau, die eine olivfarbene Bluse und einen pinkfarbenen Lippenstift trug. Nach den damaligen Regeln der Farbkombination ging das gar nicht. In der Pause nahm ich diese Frau beiseite und empfahl ihr, zu ihrer schönen Bluse doch lieber einen orangefarbenen oder braunen Lippenstift aufzutragen. Sie entgegnete, sie wisse ja, dass diese Farbkombination unglücklich sei, nur habe sie ihren braunen Lippenstift nicht gefunden und keinen aufzutragen, wäre auch keine Lösung, weil sie so trockene Lippen habe usw. Achtung - Rechtfertigung! Ich kürze hier mal ab. Natürlich zeigte ich Verständnis. Dennoch hatte ich so ein Gefühl, das mir sagte: Da kommt noch was! Doch was, das stand in den Sternen. Im Extremfall hätte die Frau versuchen können, das Seminar für alle zu erschweren.

In der Mittagspause gingen wir in ein Restaurant. Die Frau mit dem unpassenden Lippenstift lief hinter mir und plötzlich rief sie: „Frau Gerlach, sie haben einen Fussel auf der Schulter!" Da war es, Spiel 2 *JEHIDES*. Zunächst kaum erkennbar. Nicht offensichtlich für diejenigen, die die Vorgeschichte nicht kannten. Natürlich entstand daraus kein Drama. Für die Frau war das Gleichgewicht damit wieder hergestellt. Und ich war darauf vorbereitet und konnte ihren Spruch richtig einordnen. Davon unabhängig sei gesagt, dass mich ein Hinweis auf einen Fussel auf meiner Schulter natürlich nicht im Geringsten aus der Ruhe bringen kann.

Die große Herausforderung ist es, schon gleich Spiel 1 zu erkennen und aufzulösen. Sonst kann nämlich, abhängig von der Schwere der Verletzung, auch noch Monate später der Startpfiff für Spiel 2 gegeben werden. Und dann wird es schwierig, der wahren Ursache auf die Spur zu kommen. Wenn Du es dann nicht erkennst, wiederholen sich entweder beide Spiele oder nur Spiel 2. Das kann sehr unangenehm werden. Und das passiert nur deshalb, weil wir unsere Verletzung nicht sofort kommuniziert haben. Unsere emotionale Wahrnehmung einer Situation führt dann dazu, dass wir unsere Kommunikation einstellen. Also: Alles möglichst sofort klären! So kommt es erst gar nicht zu Spiel 2.

### 3.2.3    Spiel 3. Blitzableiterspiel

Was passiert, wenn Du Spiel 2 nicht erkennst und es einfach ignorierst? Logisch, Spiel 3 setzt ein. Schauen wir noch einmal zurück zu Familie Lehmann. Was kam nach der Telefon-rechnung? Junior kam ins Zimmer und wollte seinem Vater erzählen, dass sein Fahrradreifen kaputt sei. Und dieser ranzte seinen Sohn an und schickte ihn zurück ins Bett. Junior war der Blitzableiter. Spiel 3 heißt folglich *Blitzableiterspiel*.

Wenn unsere Emotionen hochkochen, ist es uns in dem Moment nicht immer möglich, direkt in die Kommunikation zu gehen und damit die Situation schnell zu lösen. Entweder, weil wir es nicht können, da uns die richtigen Worte fehlen oder weil wir es nicht wollen, weil z.B. der Chef der Auslöser ist und wir unseren Arbeitsplatz schließlich nicht gefährden möchten.

Wenn wir unseren Emotionen nicht durch direkte Kommunikation Luft verschaffen können, benötigen wir einen Blitzableiter. Interessanterweise dienen Partner, die Kinder oder auch vollkommen Fremde sehr häufig als Blitzableiter. Der Partner und die Kinder deshalb, weil wir sicher sein können, diese nicht so schnell zu verlieren. Und Fremde deshalb, weil sie für uns nicht wichtig sind. Beide Verhaltensweisen sind natürlich moralisch verwerflich, emotional jedoch sehr hilfreich. Das heißt, wir verletzen vollkommen Unbeteiligte und tragen unsere Spiele damit auf einem weiteren Schauplatz aus. Verwirrend, nicht wahr? Es kann jedoch genauso sein, dass Du manchmal zum Blitzableiter wirst. Gerade wenn Du mit Menschen arbeitest, passiert das recht häufig. Wenn also ein Kunde mal emotional über die Stränge schlägt, nimm es Dir nicht so zu Herzen. Wahrscheinlich bist Du nur der Blitzableiter. Gleiches gilt auch für Deinen Partner/Deine Partnerin. Sei gnädig und gehe darüber hinweg, wenn ein gewisses Maß nicht überschritten wird und Du leidest. Dein Gegenüber hat einfach nicht das Handlungsrepertoire, das ich Dir jetzt vorstelle.

Wie kannst Du nun verhindern, dass Du in diesem Spiel andere Menschen verletzt? Mach Dir Deine Emotionen bewusst und suche Dir einen anderen Blitzableiter. Unterdrücke Deine Emotionen nicht, sie ploppen sonst an einer anderen Stelle wieder hoch oder sie machen Dich krank. Und Du willst sicher weder das eine noch das andere. Was können nun andere Blitzableiter sein? Diese Stelle finde ich in meinen Seminaren immer besonders spannend. Die eine Person sagt beispielsweise: „Bügeln!", die andere schüttelt verständnislos den Kopf und sagt „Joggen!" Die dritte wirft ein: „Aufräumen!" und die vierte: „Meine beste Freundin anrufen!"

Du kannst Dir sicher vorstellen, dass so eine spannende Diskussion über die jeweils besten Blitzableiter entstehen kann. Wichtig dabei ist: Jeder hat Recht! Denn jeder hat seine ganz eigenen Blitzableiter. Alles ist erlaubt, was andere Menschen nicht verletzt. Und wenn Du eine Tasse an die Wand wirfst, ist das okay, solange es Deine(!) Tasse ist und die Wand Deine(!) Wand. Solltest Du jedoch solch starke Blitzableiter benötigen, dann denke bitte darüber nach, ob Du nicht vielleicht einen Energieüberschuss hast. Das ist überhaupt nicht von Nachteil! Sport ist in diesem Fall für Dich ein sehr guter Blitzableiter, der zudem noch die Serotoninbildung (ein Neurotransmitter, den Du benötigst, um glücklich zu sein) heftig ankurbelt. Und noch einmal, weil es so wichtig ist: Wenn Du diese Blitzableiter für Dich nutzt, verhinderst Du, dass unbeteiligte Menschen verletzt werden.

### 3.2.4    Spiel 4: Eskalation

Wenn Du keinen Blitzableiter findest und Du durch Spiel 2 emotional sehr stark belastet bist, folgt automatisch Spiel 4, die *Eskalation*. Das bedeutet, dass bei unserem Ehepaar Lehmann ein richtig heftiger Streit vom Zaun bricht. Das könnte dann darin gipfeln, dass zwischen den beiden ein paar Tage Funkstille herrscht. Es kann jedoch noch schlimmer kommen, wie Du gleich erfahren wirst.

Und alles begann mit einer Zeitung. Du siehst also, was ein kleiner Auslöser alles so anrichten kann. Wenn die Emotionen hoch kochen, wir uns verletzt fühlen und dies nicht sofort kommunizieren, können heikle Situationen entstehen. Meinst Du, Vater Lehmann wollte das so? Sicher nicht. Mutter Lehmann gewiss auch nicht. Doch wie häufig passiert Dir das selbst? Und Du hast es nicht gewollt. Bitte versuche immer daran zu denken: Wir alle sind Menschen und keine Maschinen. Beobachte genau, was gerade bei Dir emotional passiert. Nur dann kannst Du aus jedem der Spiele jederzeit aussteigen.

## 3.3 Eskalationsstufen von Konflikten nach F. Glasl

Auch wenn Du schon viel über Konfliktentstehung und Hintergründe gelernt hast, möchte ich Dir dennoch alle Eskalationsstufen von Konflikten ausführlich vorstellen. Vielleicht befindest Du Dich mit Deinem Gegenüber ja gerade in einer dieser Stufen. Dann ist es wichtig, diese zu erkennen und zu verstehen, um nicht noch weiter in diesen Strudel reingezogen zu werden.

### 3.3.1 Verstimmung/Verhärtung

Angenommen zwischen Lisa und Marie tritt eine Meinungsverschiedenheit auf. Lisa sagt zu Marie: „Du bist eine schlechte Mutter!" Marie ist entsetzt, kann erst einmal gar nicht darauf reagieren und zieht sich zurück. Lisa nimmt das natürlich wahr und reagiert ebenfalls negativ und denkt sich, Marie sei nicht kritikfähig. Die Stimmung zwischen den beiden kippt, wird immer negativer und verhärtet sich.

### 3.3.2 Debatte

Jetzt kommt der Konflikt auf den Tisch. Lisa oder Marie sprechen das Thema direkt an. Es kann zu einem Streit kommen oder die beiden beteiligten Parteien diskutieren in Ruhe darüber. Marie kann anmerken, dass Lisa sie unberechtigt verletzt hat oder auch kein Recht hat, dies zu beurteilen. Wenn Lisa die Ansichten von Marie akzeptiert und die beiden sich einigen, kommt es zum Ende des Konfliktes. Wenn es jedoch zu einem Streit kommt und Marie auch Vorwürfe an Lisa macht, die vielleicht auch auf einer ganz anderen Ebene liegen, wie es bei JEHIDES der Fall ist, und Lisa nicht von ihrer ursprünglichen Meinung abweicht, führt es zu gegenseitigen weiteren Verletzungen. Ein Beilegen der Meinungsverschiedenheit ist in diesem Fall nicht mehr möglich. Im Gegenteil: Der Konflikt verhärtet sich weiter und im Extremfall wird nicht mehr miteinander gesprochen. Sollten Lisa und Marie nichts weiter miteinander zu tun haben, ist wegen dieser Meinungsverschiedenheit „nur" eine Bekanntschaft zerbrochen und jeder geht seinen Weg. Doch das ist ja leider oft nicht der Fall. Häufig gibt es enge Verbindungen zwischen den Lisas und Maries dieser Welt, sei es im Freundeskreis, im Kindergarten mit anderen Müttern oder Vätern oder auch auf Arbeit mit den Kollegen.

Wird also diese Meinungsverschiedenheit nicht geklärt, hievt sich der Konflikt scheinbar wie von selbst auf die nächste Stufe.

### 3.3.3    Taten statt Worte

Die beiden Parteien kommen meist unausgesprochen überein, dass es nichts mehr bringt, miteinander zu reden. Und es folgen Taten gegen den anderen: Kinder dürfen nicht mehr miteinander spielen (Nicht daran zu denken, was dies für Kinder bedeutet!). Im beruflichen Kontext werden eventuell bestimmte Informationen nicht mehr weitergereicht - dadurch kann Lisa (oder Marie) ihre Arbeit nicht mehr korrekt machen. Im Freundeskreis wird Lisa den Konfliktpartner Marie (oder umgekehrt) vielleicht nicht mehr über gemeinsame Unternehmungen informieren.

In jedem Fall findet keine direkte Kommunikation mehr statt. Vielmehr wird dem Gegenüber nur noch über Taten, bzw. Nicht-Taten vermittelt, wie man zueinander steht. Dass dies natürlich zu einer weiteren Verhärtung des Konfliktes führt, muss ich Dir sicher nicht erklären.

### 3.3.4 Koalition

Verbündete entlasten die Psyche. Deshalb werden Lisa und/oder Marie Koalitionen mit anderen schmieden. Die Parteien fühlen sich bestätigt und es kann gemeinsam gegen den Feind vorgegangen werden. Das bis dahin schon entstandene negative Bild der anderen Partei wird dadurch natürlich verstärkt und sich selber kann man mehr als Opfer darstellen. Das ist sicher erst einmal nachvollziehbar. Du hast doch sicher schon einmal, wenn Du auf jemanden sauer warst, mit Deinen Freunden darüber gesprochen? Das ist sogar wichtig und richtig, wenn die Freunde es bei diesem Gespräch unter vier Augen auch belassen. Leider ist das nicht immer der Fall! Oft ist es so, dass eine der beiden Parteien schneller ist als die andere und Anhänger aus dem gemeinsamen Freundeskreis um sich schart (soziale Ansteckung). Somit kann es ganz schnell zu einer Isolation der anderen Partei kommen, was weder angenehm ist, noch den Konflikt löst. Es ist vollkommen egal, ob es in den Koalitionen um „Schau Dir mal an, was sie für eine schlechte Mutter ist!" oder um „Kannst Du Dir vorstellen, was sie sich rausgenommen hat, über mich zu behaupten?" geht. Jetzt ist schon lange nicht mehr der Auslöser relevant, sondern nur noch die eigene Positionierung. Die soll bestätigt werden, um die andere Partei zu erniedrigen. Und schon gleitet der Konflikt in die nächste Phase.

### 3.3.5 Gesichtsverlust bzw. Gesichtsangriff

Jetzt wird es langsam brutal. Die Parteien versuchen, sich gegenseitig in der Öffentlichkeit bloßzustellen. Ziel ist natürlich, der ganzen Welt zu zeigen, was der andere für ein schlechter oder inkompetenter Mensch ist. Das „wahre" Gesicht des anderen soll von jedem erkannt werden. Dazu gehören öffentliche Provokationen, offenes zur Rede stellen oder ganz klare öffentliche Angriffe. Beispielsweise kann auf dem Spielplatz das Kind irgendwas tun, was der anderen Partei nicht gefällt. Schon kommt es in der Öffentlichkeit zu Auseinandersetzungen. Oder dem vermeintlichen „Feind" wird übermittelt, er soll (gefälligst) Kaffee für wichtige Gäste während eines Meetings bringen, obwohl das gar nicht angeordnet war. Eine Blamage in der Öffentlichkeit verschafft der anderen Partei eine große Genugtuung.

### 3.3.6    Ultimatum

In dieser Phase stellt eine (oder stellen beide Parteien) ein Ultimatum. Frei nach dem Motto, entweder sie oder ich. Das hat natürlich für die Gegenseite und auch für die Umwelt gravierende Folgen. Stell Dir vor, zwei enge Freunde stellen Dich vor diese Entscheidung. Das empfindest Du sicher als unfair. Für die betroffenen Parteien ist es emotional jedoch auf den ersten (kurzsichtigen) Blick der einzige Weg. Wenn eine der beiden Parteien Dir nähersteht, mag dies erträglich sein. Dennoch wirst Du verärgert sein, dass so etwas überhaupt von Dir verlangt wird. Wenn das Ultimatum so aussieht, dass eine Partei sich entscheidet, wegzubleiben, während die andere Partei anwesend bleibt, ist das eine weiche Form des Ultimatums, wenn auch eine unangenehme. Nur meistens verlangen eine oder beide Parteien eine komplette Entscheidung. Im Freundeskreis mag das eine soziale Einschränkung für eine der Parteien bedeuten, die schon sehr unschön ist. Nur was ist, wenn sich das im beruflichen Kontext abspielt. Jetzt denkst Du sicher, dass kaum ein Chef sich in solche Themen einmischt und eine Kündigung einleitet. Das ist in der Praxis nicht ganz so einfach. Denn Du hast ja schon gelesen, was dem alles vorausgehen kann. Und seien wir uns bewusst, diese ganzen Geschehnisse greifen schon sehr in den beruflichen Alltag ein und rauben viel

Arbeitsenergie, die eher in die Abarbeitung der beruflichen Aufgaben investiert werden sollte. Ich werde oft in Unternehmen gerufen, in denen das Betriebsklima Auswirkungen auf die eigentliche Arbeit hat. Und es ist erschreckend, wieviel zeitlichen und energetischen Raum Zwistigkeiten beanspruchen. Wenn der Konflikt sich bereits in diesem Stadium befindet und keine der Parteien zu einer Konfliktlösung mehr bereit ist, bleibt tatsächlich nur noch der Weg, sich von einer der Parteien zu trennen. Es gilt dann nur noch zu analysieren, von welcher. Erschreckend, nicht wahr? Ich halte Dir das deswegen so klar vor Augen, damit Du, falls Du Dich in einem so starken Konflikt mit einer Person befindest, weißt, was passieren kann.

Und mag sich die angebliche Gewinnerpartei in dieser Phase auch noch so toll fühlen - das vergeht sehr schnell, denn wir sind noch nicht am Ende der Eskalationsstufen angelangt.


### 3.3.7   Begrenzte Vernichtungsschläge


Ja, was soll denn noch alles kommen? Wenn keine der Parteien einlenkt und das werden sie in diesem Stadium ohne Hilfe von außen nicht mehr können, läuft der Konflikt auf der nächst höheren Ebene weiter.

Die Parteien neigen mittlerweile zu fast paranoiden Verhaltensmustern Sie fühlen sich verfolgt und sehen die ganze Welt gegen sich gerichtet. Sämtliche Regeln des zwischenmenschlichen Umgangs treten außer Kraft. Es wird nur noch gegen den anderen gearbeitet und sämtliche Energien fließen in den Hass, der gegen die andere Partei gehegt wird. Auch erste kriminelle Taten sind in dieser Stufe nicht mehr auszuschließen, z.B. das Zerstechen von Autoreifen oder Diebstahl weiteren Eigentums des Gegenübers. Das Unrechtsbewusstsein ist ausgeschaltet. Freunde und Bekannte haben kaum Zugang mehr und können folglich nicht schlichtend eingreifen. Das führt natürlich dazu, dass die Parteien sich sagen: „Wegen der anderen verliere ich jetzt auch noch meine Freunde!" Wir können hierbei auch nicht mehr von Feindseligkeit sprechen, sondern nur noch von Hass. Die einzige Eingriffsmöglichkeit ist ab dieser Stufe ein rechtliches Verfahren.

### 3.3.8 Zerstörung des gegnerischen Systems

Jetzt wird es noch heftiger. Nicht nur das Eigentum der gegnerischen Partei wird beschädigt, auch Freunde und Verwandte des Gegners werden in die Vernichtungsschläge mit einbezogen. Das Gegenüber weiß sehr genau, wer dem „Feind" nahesteht und wie er ihn treffen kann. Es kann durchaus zu Rufmordkampagnen gegen Dritte kommen. Das kann natürlich das Umfeld der gegnerischen Partei sehr schädigen und trifft somit den eigentlichen Feind emotional sehr tief und genau das ist das Ziel. Genauso ist es auch Ziel, dass sich Freunde, um sich zu schützen, von dem „Zielobjekt" abwenden.

Fatal ist auch, dass in dieser Phase häufig Kinder benutzt und manipuliert werden, um dem anderen zu schaden. Immerhin sind sie der wundeste Punkt bei fast jedem. Durch die eigenen Kinder ist man am meisten verletzlich. Was den Kindern damit angetan wird, interessiert zu diesem Zeitpunkt keinem von beiden.

Eine weitere Möglichkeit, das gegnerische System zu zerstören sind Telefonterror, Stalking oder gar Morddrohungen. Nicht nur das „Zielobjekt" wird empfindlich belastet, sondern auch dessen Umfeld. Und genau das vermittelt dem Gegner ein gutes Gefühl (traurig, aber wahr). Das Schlimme daran ist: Er fühlt sich dabei auch noch im Recht. Ein Unrechtsbewusstsein existiert nicht. Und nein, wir sind noch nicht am Ende, es kann noch gefährlicher werden.

### 3.3.9 Gemeinsam in den Abgrund

Jetzt zählt nur noch eins: „Nur wer gewinnt, überlebt!" Es werden alle zur Verfügung stehenden schmutzigen Mittel eingesetzt, um sich gegenseitig beruflich, materiell, psychisch und sogar körperlich in den Abgrund zu stürzen. Hauptsache, der Gegner liegt am Ende zerstört am Boden. Wenn der Konflikt nun auf die kriminelle Ebene rutscht, gibt nur noch zwei Möglichkeiten: Entweder werden beide Parteien kriminell und gewinnen nicht oder nur eine Partei wird kriminell und schafft es, den anderen zu zerstören. An dieser Stelle hat nur noch die Staatsgewalt die Möglichkeit, das Ganze zu beenden. Doch auch wenn es zu rechtlichen Konsequenzen für eine der Parteien kommen sollte – Gewinner gibt es am Ende keine!

### Abschließende Worte

Denkst Du jetzt: Sowas gibt's doch nur im Film, wie z.B. in dem Hollywood-Streifen „Der Rosenkrieg", in dem ein Ehepaar all die Konfliktstufen durchläuft und sich bis aufs Blut bekämpft? Doch findet so etwas auch in der Realität statt. Jetzt überlegst Du sicher, wie denn so eine kleine Aussage wie in unserem Beispiel solche Konsequenzen haben kann. Das geht. Denn irgendwann geht es in dieser Konflikteskalation gar nicht mehr um den Auslöser, sondern nur noch um emotionale Verletzungen. Und um solch einen extremen Prozess in Gang zu bringen, braucht es wirklich nur wenig.

Ich möchte Dich damit nicht erschrecken, denn natürlich kann dieser Prozess gestoppt werden. In den ersten 3 Stufen durch die Konfliktparteien selber, in der Stufe 4-6 durch eine außenstehende Person, wie Freunde, Coaches, Chefs und natürlich Mediatoren und ab Stufe 7 nur noch durch gerichtliche Konsequenzen.

Das heißt für Dich, nimm jeden Konflikt ernst und versuche ihn so schnell wie möglich beizulegen. Dafür findest Du unter „Lösungsmöglichkeiten" genug Anregungen. Rate auch Freunden und Kollegen zu einer schnellen Lösung und lass Dich selbst nicht in einen solchen Konflikt mit reinziehen. Achte auf Dich und Deine Lieben!

# 4 Lösungsmöglichkeiten

## 4.1 Grundregeln

### 4.1.1 Gefahr erkannt – Gefahr gebannt

Sobald Du einen Konflikt erkennst, kannst Du sofort in den Lösungsmodus gehen, zumindest theoretisch. Praktisch können Dir Deine Emotionen oder auch eine gewisse Wahrnehmungsverzerrung im Weg stehen. Lass auf alle Fälle die Gefühle erst einmal abkühlen. Das heißt, bleibe zunächst bei Dir oder besser gesagt, nicht bei Deinem Konfliktpartner. Tausche Dich mit vertrauenswürdigen Freunden aus. Das hilft Dir dabei, einer eventuellen Wahrnehmungsverzerrung vorzubeugen und Deine Emotionen zu ordnen. (Darauf komme ich im späteren Verlauf noch ausführlicher zu sprechen).

### 4.1.2 Ruhe bewahren und nicht schreien

Es gibt ein recht bekanntes Sprichwort: *„Wer anfängt zu schreien, hört auf zu denken*." (Volksmund). Da ist viel dran. Wir haben ja schon zu Beginn des Buches erfahren, dass die Emotio die Ratio überdeckt, wenn wir sehr aufgewühlt sind. Wir neigen dann dazu, das Gegenüber anzuschreien. Sofern Du die Kraft hast, tu das nicht! Zum einen löst Du mit Schreien keinen Konflikt, Du machst ihn im Gegenteil nur schlimmer. Zum anderen überlässt Du dem anderen, wenn er nicht ebenfalls schreit, die Führung. Jemand, der Dir nicht wohlgesonnen ist, kann das schamlos ausnutzen. Nicht gut für Dich! Gehe stattdessen lieber aus der Situation raus, bis Du Dich wieder beruhigt hast.

### 4.1.3 Eine sanfte Stimme kann Mauern zum Einstürzen bringen

Falls Du mit Deinem Konfliktpartner ins Gespräch kommst, setze Deine sanfteste Stimme ein. Das bewirkt Wunder! Wenn sich im Coaching ein Klient/eine Klientin so richtig über etwas aufregt, reagiere ich so ruhig wie nur möglich. Immer wieder bin ich fasziniert, welch wohltuend beruhigende Wirkung das hat. Es ist völlig legitim, dass der Klient/die Klientin das Coaching auch nutzt, um erst einmal Dampf abzulassen. Nur um zu einer Lösung zu kommen, ist es ebenso wichtig, dass er/sie sich auch wieder beruhigt. Dabei bringt es in Konfliktsituationen nichts, sein Gegenüber dazu aufzufordern. Wie reagierst Du, wenn in solch emotionalen Momenten Dein Konfliktpartner zu Dir sagt: „Nun beruhige Dich mal!"? Sehr wahrscheinlich wirst Du nur noch wütender. Das ist nicht zielführend. Setze einfach in einer solchen Konfliktsituation Deine Stimme ruhig und sanft ein und Du wirst sehen: Der andere kommt schneller wieder auf ein Level, auf dem Du mit ihm reden kannst. Wichtig ist dabei natürlich, dass Du selbst ruhig bist und Dich von Deinem Gegenüber in diesem Moment abgrenzen kannst.

### 4.1.4 Hurra! Ein Konflikt!

Okay, diese Sicht ist nicht allzu weit verbreitet und gehört sicher schon zur höheren Schule der Konfliktlösung. Auf die Eskalationsstufe 9 ist sie mit Sicherheit auch nicht anwendbar.

Schau bitte mal ganz tief in Dich hinein. Wie war es bisher, wenn Du einen inneren oder äußeren Konflikt gelöst hattest? Fühltest Du Dich danach nicht irgendwie stärker oder mit dem ehemaligen Konfliktpartner enger verbunden? Das ist das Positive an Konflikten! Sie sind auch Chancen! Auch wenn wir das im ersten Moment selten so wahrnehmen. Selbst wenn ein Konflikt für Dich damit endet, dass getrennte Wege gegangen werden, beginnt doch etwas gutes Neues. Zwar ist das nicht immer gleich so positiv fühlbar, dennoch ist es so. Es kann z.B. sein, dass ein neuer Partner ins Leben tritt, ein neuer Job sich anbietet, Du neue Freunde kennen lernst, usw. Ein Konflikt ist nur dann nicht lösbar, wenn eine oder beide Parteien nicht an einer Lösung interessiert sind oder der Auslöser sehr massiv war.

Ich gebe zu, dass ein bestehender Konflikt im dem Moment des Erlebens bei vielen sehr unangenehme Gefühle auslöst. Nur probiere es doch einfach aus, Deinen Blickwinkel in Richtung „Hurra - ein Konflikt" zu lenken. Zum einen erhöht sich die Chance auf eine Lösung und zum anderen verbeißt Du Dich nicht so schnell in dem Thema. Fakt ist immer, Du lernst nicht nur aus jedem Konflikt, sondern gehst auch gestärkter danach raus. Ja, auch dann, wenn Du Dich als Verlierer fühlst. Nur, bist Du bei allem, was Du in der Situation gelernt hast, wirklich ein Verlierer? Große Frage!

4.1.5     Niemals mit Kanonen auf Spatzen schießen

Ich kann verstehen, dass es Phasen gibt, in denen Du dünnhäutig und somit „empfänglich" für Verletzungen bist. Nur: Entspricht Deine Reaktion wirklich der Situation? Stressige Phasen haben wir alle in unserem Leben. Wichtig ist, dass Du diese als solche erkennst. Denn dann fällt es Dir leichter, überschäumende Emotionen zu verstehen und auch als solche einzustufen. Ich selber durchlebe solche Phasen natürlich auch immer wieder mal, da ist mein Beziehungsohr riesengroß und manchmal genügt eine Kleinigkeit, um daraus emotional gleich eine große Sache zu machen. Mein Wissen, das ich Dir hier in diesem Buch vermittle, hilft mir, emotional schwierige Konflikt-situationen gut in den Griff zu bekommen. Stell Dir nur vor, was passieren kann, wenn Du bei kleinen, vielleicht auch scherzhaften „Angriffen" gleich an die Decke gehst. Gut ist das nicht, auch wenn Dein Gegenüber sehr geduldig ist und Dich gut kennt. (Dann hat er/sie es noch weniger verdient.)

Mach Dir bitte bewusst, dass es wichtig ist, auch im Konflikt-verlauf nicht immer gleich sehr stark zu reagieren. Denn so änderst Du nichts, Du verschlimmerst ihn nur. Also pass auf, dass Deine Reaktionen nicht für die Situation unangemessen sind. Was Du genau tun kannst, wenn die Emotionen hoch kochen, zeige ich Dir übrigens in dem Kapitel: „Was tun, wenn die Wut kommt?"

### 4.1.6 Humor ist der Knopf, der verhindert, dass uns der Kragen platzt

Kennst Du das: Du steckst in einem Konflikt, hast richtig Stress, alles ist Dir zu viel – und Du kannst nur noch darüber lachen? Eine typische Übersprunghandlung, nicht wahr? Manchmal frage ich mich, ob die Natur uns da einen Schalter eingebaut hat, so nach dem Motto: Vor dem Durchdrehen erst mal ordentlich lachen und dann bitte schauen, ob Durchdrehen überhaupt noch eine Option ist.

Tatsächlich kann Humor in den ersten Phasen eines Konfliktes hilfreich sein. Damit ist nicht Schadenfreude nach einem Schlag gegen den Konfliktpartner gemeint, sondern die innere Haltung, nicht alles so ernst zu nehmen. Zugegeben, das ist Konflikt-bewältigung bzw. -verhinderung auf einem hohen Level. Für Humor ist es wichtig, dass Du selbstbewusst genug bist, Dich bei Angriffen auch abgrenzen zu können. Wenn Du beispielsweise merkst, dass die Angriffe nicht wirklich was mit Dir zu tun haben und Du nur der Blitzableiter bist, so nimm es mit Humor! Lache Dein Gegenüber jedoch nicht aus, sondern hole ihn mit einem liebevollen kecken Spruch ab. Du meinst, das kannst Du nicht? Versuche es doch einfach mal!

Noch einmal, weil es so wichtig ist: Nur wenn Du Dich innerlich abgrenzen kannst, bist Du auch frei genug, um in anfänglichen Konfliktsituationen Humor einsetzen zu können. Dabei schadet es auch nichts - trotz innerer Konflikte - auch mal über sich selbst zu lachen! Arbeite an deinen Konflikten, doch nimm nicht alles zu ernst. Falls Du noch nicht über Dich selbst lachen kannst – dann lerne es! Das ist der erste Schritt! Und gerade in schwierigen Phasen ist das sehr wichtig. Und selbst wenn es nicht direkt mit Dir und Deinem Thema zu tun hat, es gibt so viele Sachen, bei denen Du über Dich selbst lachen kannst. Gerade wenn ich durch innere Konflikte nicht so ganz konzentriert bin, passieren mir die skurrilsten Sachen, über die ich natürlich gerne meinen Freunden berichte, z.B. wenn ich bei Hotelaufenthalten nach der Arbeit immer wieder mal meine Zimmernummer vergessen habe und an der Rezeption fragen muss. Somit haben wir auch in solchen Phasen was zu lachen. Probiere es mal aus. Verkrampfe nicht, sondern lache. Nicht umsonst heißt es auch „Lachen ist die beste Medizin."

## 4.2 Vermeintliche Lösungsstrategien

Es gibt weit verbreitete Lösungsstrategien, die genau genommen keine sind. Eins haben alle gemeinsam: Sie lösen ein Problem, wenn überhaupt, nur temporär oder nur scheinbar. Deswegen kannst Du sie Dir auch gleich sparen (sofern Du einen bewussten Zugang zu ihnen hast). Dennoch werden Sie so oft angewendet, dass sie ein eigenes Kapitel „verdient" haben. So kannst Du, wenn sie Dir bewusstwerden, sie hoffentlich sofort ad acta legen. Ich bin gespannt, in welchen Du Dich wiederfindest.

### 4.2.1 Ignoranz

Der Name dieser Strategie spricht für sich. Der Konflikt wird einfach ignoriert. Bei kleinen Irritationen kann es sicher auch ganz hilfreich sein. Wenn Dein Gegenüber einen schlechten Tag hat und etwas barscher als sonst reagiert, dann sei gnädig und ignoriere es am besten. Sicher kennst Du Menschen in Deinem nahen Umfeld, die, wenn sie sehr gestresst sind oder unter Druck stehen, nicht mehr in der Lage sind, Deinen Anruf freude-strahlend entgegen zu nehmen. Das sei ihnen verziehen. Menschen dürfen zumindest im privaten Rahmen auch mal schlechte Laune haben. Wenn diese allerdings zu persönlich verletzenden Angriffen führt, ist Ignoranz ein schlechter Ratgeber. Du hast mittlerweile gelernt, was solche Momente bewusst oder unbewusst mit Dir machen. Und da heißt es dann: reagieren! Häufig ist ein kleiner Hinweis auf den richtigen Ton schon ausreichend, um dem Gegenüber sein Verhalten bewusst zu machen.

Schwieriger wird es, wenn ein Konfliktpartner eine sich mittlerweile deutlich zeigende Konfliktsituation komplett ignoriert. Das ist häufig bei Paaren der Fall. Einer von beiden ist mit der aktuellen Situation unzufrieden und möchte das klären. Der andere hört im Idealfall zwar noch zu, trägt jedoch aktiv nicht zur Lösung des Problems bei. Er/sie ignoriert die Situation einfach. Sicher gibt es Menschen, die konfliktscheu sind und lieber allem aus dem Weg gehen. Nur ändert das die Situation nicht. Wenn Du zu dieser Sorte Mensch gehörst, sei Dir bitte bewusst: Der Konflikt löst sich nicht einfach in Wohlgefallen auf. Im Gegenteil - er kommt immer wieder auf Dich zu. Ignoranz verstärkt den Konflikt nur noch.

Eins möchte ich noch erwähnen, damit es hier nicht zu Irritationen kommt. Wenn Dein Gegenüber hochemotional auf Dich reagiert, weil Du etwas getan oder nicht getan hast (unabhängig, ob es der Realität entspricht), dann ist es legitim und häufig sogar sinnvoll, nicht gleich auf das Pferd mit aufzuspringen. Gib Deinem Gegenüber erst einmal Zeit, sich zu beruhigen. Versuche dann das Thema in Ruhe zu klären. Das hat dann nichts mit Ignoranz zu tun, sondern mit Deinem Wissen. Du hast gelernt, dass in emotional hochgradig angespannten Situationen, die Ratio ohnehin nicht zugänglich ist. Es würde nur zu einem handfesten Streit kommen und nicht zu einer Lösung. Eins ist dabei allerdings wichtig: Erkläre Deinem Gegenüber kurz, dass Du an einer Lösung sehr interessiert bist, es jedoch für beide Seiten besser ist, zu einem späteren Zeitpunkt alles zu besprechen.


4.2.2    Tolerieren


Versetze Dich bitte in folgende Situation: Es gibt jemanden in Deinem Leben, der Dir immer wieder kleinere oder gar größere Verletzungen zufügt, der Dir immer wieder Vorwürfe macht, der auch mal hinter Deinem Rücken agiert (und ich meine nicht die heimliche Geburtstagparty). Du tolerierst es immer wieder, weil es vielleicht Dein Chef / Deine Chefin ist, Dein Partner / Deine

Partnerin, den/die Du liebst oder eine andere Person, von der Du in irgendeiner Weise abhängig bist.

Was passiert mit Dir, wenn Du zu viel tolerierst? Ab und zu mal etwas tolerieren, ist in Ordnung. Das machen wir alle. Nur was ist, wenn es zu Deinem Programm gehört, dass Du starke Angriffe immer wieder tolerierst? Dann gibt es zwei Varianten: Entweder wirst Du irgendwann explodieren oder Du wirst krank. Beide Varianten haben eins gemeinsam: Jede Form der kleineren oder größeren Verletzung hinterlässt bei Dir Spuren in Deinem Herzen. Wenn Du noch ein Anfänger im Tolerieren bist, dann platzt das alles irgendwann raus und ganz schnell liegen so viele Konfliktthemen auf dem Tisch, dass Dein Gegenüber nicht mehr weiß, wo vorne und wo hinten ist. Möchtest Du das? Sicher nicht.

Gefährlicher ist es, wenn Du bereits ein Künstler im Tolerieren bist. Du hast Dich so an Deine vermeintliche Lösungsstrategie gewöhnt, dass es Dir schon fast nicht mehr auffällt, wenn sich jemand Dir gegenüber nicht korrekt verhält. Das Schlimme ist, dass Du Dich selbst verletzt, wenn Du zu viel tolerierst. Denn Du richtest die Aggressionen unbewusst gegen Dich selbst. Und Dein Unterbewusstsein merkt sich alles. Seine „harmlose" Reaktion darauf ist, dass Du nach und nach das Vertrauen in Dich und Deine Umwelt verlierst. Die meist härtere Konsequenz ist die Krankheit. Das kann sich zunächst psychosomatisch, also körperlich, äußern und wenn dann noch anderweitige Stressfaktoren dazu kommen, hast Du ganz schnell einen Burnout. Ich selbst kann ein Lied davon singen. Auch ich gehörte früher zu den Menschen, die zu viel toleriert haben. Es gibt ja auch so wunderbare Erklärungen für das Verhalten des garstigen Gegenübers. Irgendwann gesellte sich dann noch Überarbeitung hinzu und ich wurde krank. Die Zeit der Heilung war zwar ein spannender Prozess, doch die Zeit davor war umso schmerzhafter. Das wünsche ich Dir nicht. Und soweit muss es auch nicht kommen! Meine Meinung gegenüber dem Tolerieren hat sich inzwischen merklich verändert. Sicher kann ich gestresste Menschen auch mal gut wegstecken und wenn mein Gegenüber in einer schwierigen Situation steckt und die Kommunikation zwischen uns offen und klar ist, zeige ich auch viel Verständnis. Nur Verletzungen, Angriffe oder schwelende Konflikte toleriere ich nicht mehr. Und weißt Du was? Mir geht es super damit! Also beobachte einfach mal, wie oft Du etwas tolerierst und worum es sich dabei handelt. Dann denke darüber nach, ob das wirklich ein realer Lösungsweg für den Konflikt sein kann. Ich sage Dir ganz deutlich: Nein!

### 4.2.3    Resignieren

Wie oft hattest Du schon das Gefühl, dass Du in einem Konflikt nicht weiterkommst und irgendwie feststeckst. Dein Gegenüber stellt sein Dich belastendes Verhalten nicht ein. Dir fehlen kompetente Ideen für die Lösung dieses Konfliktes. Und wie oft hast Du deshalb schon resigniert? Hat Dir das bisher etwa geholfen? Bestimmt nicht. Sicher ist es durchaus legitim, sich auch mal zurückzuziehen, um neue Kraft zu schöpfen, die Gedanken zu ordnen und über weitere Lösungsmöglichkeiten nachzudenken. Das ist jedoch nur möglich, wenn der Konflikt nicht gerade „brennt". Falls nämlich jemand gegen Dich arbeitet, ist der Rückzug der falsche Weg. Dein Gegenüber wird einfach immer weitermachen. Das ist verheerend und jeder Tag, der vergeht, steigert den Konflikt. Ich weiß, Du bist manchmal müde und willst Dich verkriechen, doch in solch einem Fall bleibe stark und sorge für eine schnelle Lösung. Diese gibt es, verliere nicht den Mut! Ich werde Dir noch einiges an die Hand geben, was Dich unterstützt und Dir Wege aufzeigt. Denn merke: Von Resignieren hin zu Tolerieren ist es nur ein kleiner Schritt.

Ich möchte Dich noch darauf hinweisen, dass nicht jeder Rückzug ein Resignieren ist. Wenn beispielsweise immer nur Du den Kontakt zu einer bestimmten Freundin/einem bestimmten

Freund suchst diese/r jedoch nie Zeit hat, dann frage bitte nach dem Grund. Wenn aus verschiedenen Gründen heraus eine Klärung nicht möglich ist, dann trete den „strategischen Rückzug" an. Du weißt nicht, was bei Deiner Freundin/Deinem Freund gerade los ist. Und manchmal stecken Menschen so sehr in ihrer aktuellen Welt, dass eine Erklärung nicht möglich oder gewollt ist. Warte erst einmal ab, bevor Du eine endgültige und eventuell voreilige Entscheidung triffst. Das hat nichts mit Resignieren zu tun, sondern ist eine bewusste Handlung. Resignieren läuft hauptsächlich unbewusst ab. Oder hast Du Dich schon mal bewusst zurückgelehnt und gesagt „So, jetzt resigniere ich!"? Sicher nicht. Also achte in Zukunft bewusst darauf, was Du gerade tust. Auf das o.g. Beispiel und den strategischen Rückzug komme ich an anderer Stelle noch einmal zurück.

## 4.3    Was tun, wenn die Wut kommt?

Du kennst sicher Situationen, in denen die Wut in Dir aufsteigt und Du im ersten Moment nicht weißt, wie Du damit umgehen sollst und Dich ohnmächtig fühlst.

Schauen wir nochmal zurück, wie die Emotionen zustande kommen. Sie entstehen in der Amygdala und zwar bevor die Situation für Dich bewusst wird. Wenn Du erkennst, dass die Wut nicht gerechtfertigt ist, dann klingt sie in der Regel von alleine wieder ab. Nur ist das leider nicht immer so. Die Wut mag berechtigt sein, Du kannst sie jedoch nicht ausleben aufgrund von Abhängigkeitsverhältnissen, z B. gegenüber dem Chef (auch wenn es traurig ist, es gibt jedoch noch viele Unternehmen, in denen ein emotionales Feedback gegenüber dem Vorgesetzten nicht erwünscht ist.) Ähnlich ist das nach Trennungen, besonders wenn Kinder im Spiel sind und diese dann wie Schachfiguren benutzt werden. Das erzeugt Wut. Dass hinter der gefühlten Wut eine Enttäuschung oder Verletzung steht, ist eindeutig.

Natürlich kannst Du theoretisch Deine Wut/Enttäuschung/ Verletzung immer ansprechen. Wie Du das am besten tust, habe ich Dir schon erklärt und gebe Dir später noch weitere Hinweise. Schwierig wird es für Dich allerdings, wenn sich Deine Ratio einschaltet und sich gegen eine solche Konfrontation entscheidet. Das kann der Fall sein, wenn Dir die möglichen Konsequenzen bewusstwerden und diese einen emotional noch negativeren Zustand in Dir auslösen. Stell Dir z.B. vor, Du müsstest damit rechnen, dass im Job Deine Vorgesetzte Dir aufgrund des Feedbacks Sanktionen erteilt oder die Kinder unter diesen Konfrontationen leiden.

Die Frage bleibt: Was tun mit den Emotionen? Grundsätzlich liegt die Entscheidung ja immer bei Dir, damit an die auslösende Person heranzutreten oder es für Dich allein zu lösen. Und Du kennst mittlerweile auch meine Meinung (es offen ansprechen) dazu. Natürlich ist mir auch bewusst, dass es manchmal Situationen gibt, in denen eine Konfrontation nicht sinnvoll oder möglich ist. Dann bleibt einfach kein anderer Weg, als sich mit den eigenen negativen Gefühlen auseinander zu setzen und sie im wahrsten Sinne des Wortes wieder einzufangen. Auch dafür gibt es Wege.

Bitte denke jetzt noch einmal an die „Vier Spiele des Lebens" zurück, insbesondere an das Blitzableiterspiel. Solltest Du Dich in einer solch emotionalen Verfassungen befinden, so suche Dir einen Blitzableiter, z.B. indem Du Sport treibst (möglichst eine Sportart, bei der Du Dich auspowern kannst). Damit baust Du das Adrenalin ab, das in solchen Verfassungen ja in hohem Maße ausgeschüttet wird. Oder putze Deine Wohnung, höre Musik, die Dir gefällt und tanze wild dazu und sing mit, so laut Du kannst! Oder boxe in die Sofakissen, falls Du welche hast! Was auch immer. Mach das, was Dir gut tut. Tue etwas für Dich, Konzerte, Kino, Kabarett, was immer Du magst. Hauptsache ist: Igle Dich nicht ein! Grübele nicht rum! Ich weiß, das kostet Überwindung, gerade in Wutphasen, doch Du hast ja ein Ziel: Du willst Deine negativen Emotionen loswerden.

Was auch hilft: Rede mit engen Freunden darüber (jedoch niemals mit Kollegen über berufliche Konflikte, seien sie Dir auch noch so nahe, das birgt im Extremfall nur wieder Konfliktpotential). Sprich vor allem mit zwei Sorten von Freunden, mit solchen, die Dir zustimmen und bei denen Du richtig Dampf ablassen kannst. Danach bist Du im wahrsten Sinne des Wortes erleichtert und fühlst Dich verstanden (jedoch Vorsicht in Bezug auf die soziale Ansteckung). Sprich jedoch auch mit solchen, die dem Ganzen liebevoll kritisch gegenüberstehen und auch mal die Position des Konfliktpartners nachvollziehen können. Das ist zwar sicher nicht angenehm, doch dieser Blick von außen auf gegnerische Positionen kann Dir, wenn Du genau zuhörst, Einblicke geben, die Deine Wut mit abbauen. (Natürlich sind für solche Gespräche Psychologen immer perfekte Ansprechpartner und genau genommen für gerade solche Themen da. Die Zeiten, dass Psychologen oder Therapeuten sich nur mit pathologischen Themen auseinandergesetzt haben, sind lange vorbei.)

Blicke dabei auch mal auf Dich, das ist sicher die größte Herausforderung. Mache Dir durchaus bewusst, dass Du kein Recht hast, Deinem Gegenüber in sein Leben reinzureden bzw. ihm Vorwürfe zu machen, z.B. wenn ein Mensch Dich nicht mehr liebt und ehrlich zu Dir ist. Deine Enttäuschung darfst Du zum Ausdruck bringen, nur Vorschriften sind übergriffig und verschärfen den Konflikt nur. Und verfalle bitte nicht in komplette Selbstzweifel. Du bist okay, so wie Du bist, auch wenn Dir Dein Kopf vielleicht manchmal einen Streich spielt.

Noch ein Tipp: Manchmal hilft es auch, alle Gedanken in einem imaginären Brief aufzuschreiben, den Du natürlich nicht abschickst. In solch einem Brief kannst Du Dich so richtig austoben, ohne Rücksicht zu nehmen. So gibst Du der Wut ihren Raum und verdrängst sie nicht. Dadurch wird sie schwächer. Ebenso führen einige von Euch vielleicht schon Tagebuch. Das Gute daran ist, dass Du jederzeit nochmal nachlesen kannst, die wütenden, noch mehr auch die schönen Momente. Die wütenden helfen Dir dabei, bestimmte Sachen bewusst zu machen, z.B. dass Du eventuell schon viel zu viel toleriert hast und ein Nachdenken über wiederkehrende Situationen dran ist. Die schönen Momente helfen Dir, die Sicht auf die Person, auf die Du wütend bist etwas zu korrigieren und ruhiger zu werden. Sei Dir bitte bewusst, dass ein solcher Prozess Zeit braucht, je nachdem, was Dir widerfahren ist. Doch eins ist sicher: Irgendwann geht die Wut und wird nur noch (wenn überhaupt) eine Erinnerung sein.

Und vor allem: bleib bei Dir! Gebe Deiner Wut die Zeit, die sie braucht, um mit Verletzungen umzugehen. Ignoriere Aussagen von außen wie z.B.: „Jetzt komm mal wieder klar!" Wenn Du es irgendwann geschafft hast, Deine negativen Emotionen und die gesamte Situation für Dich zu verarbeiten, spricht natürlich nichts gegen einen Schritt aufeinander zu und sachlich Lösungen zu finden.

## 4.4 Sag es!

Wenn Du also Deine Emotionen unter Kontrolle hast, stellt sich die wichtige Frage: „Und wie gehe ich nun weiter vor?" Bevor ich Dir ein umfassendes Lösungsmodell anbiete, möchte ich Dir noch eine Möglichkeit aufzeigen, wie Du Deinem Konfliktpartner in schwierigen Situationen ein moderates Feedback geben kannst, auf das dieser gar nicht negativ reagieren kann. Je eher Du das in einer Konfliktentwicklung tust, umso besser. Es gibt natürlich viele Möglichkeiten und Formeln, wie Du am besten Feedback gibst. Ich persönlich verwende am liebsten die folgende, weil sie das Gegenüber mit einbezieht, was immer von Vorteil ist. Nun jedoch zur Formel. Sie nennt sich: SAG ES!

S – Sachverhalt schildern

A – Auswirkung darlegen

G – Gefühle benennen

E – Erfragen, wie es der andere sieht

S – Schlussfolgerungen ziehen

Ich gebe Dir dafür ein paar praktische Beispiele: Du kennst doch auch das Sockenproblem, nicht wahr? Der Mann wirft die Socken immer genau 50 cm vor dem Wäschekorb ab. Die Frau ist genervt. Unserer Formel entsprechend kann sie folgendes sagen: „Ich finde Deine Socken immer vor, statt im Wäschekorb. Das heißt, ich muss diese jedes Mal aufheben und in den Korb tun. Das ärgert mich. Wie siehst Du das?" - Reaktion abwarten. Der Mann hat nun die Möglichkeit, das Problem der Frau zu erfassen und aus seiner Sicht darauf zu reagieren. Sehr häufig führt es zu einer Einsicht, die er dann verkündet. Daraufhin werden die beiden eine Schlussfolgerung ziehen und das wird wohl kaum die Absprache sein, dass er die Socken weiter fallen lässt und sie diese weiter einsammelt. Zugegebenermaßen könnte es hier der Fall sein, dass es seitens der Frau mehrere Anstöße bis zu endgültigen Lösung geben kann. Nur der Anfang ist getan!

Ein weiteres Beispiel aus dem Berufsleben: Eine vereinbarte Zuarbeit wird nicht pünktlich abgegeben. Hier kann die Formulierung folgendermaßen aussehen: A: „Wir hatten vereinbart, dass die Zuarbeit heute früh auf meinem Tisch liegt. Sie ist jedoch nicht da. Dadurch kann ich die Präsentation nicht fertigstellen. Das ärgert mich und ich komme in Verzug. Was ist passiert?" Nun hat B die Möglichkeit, sich dazu zu äußern und gemeinsam können A und B eine Schlussfolgerung ziehen, die den Konflikt auflöst.

Das Prinzip der *SAG ES*-Formel ist leicht nachvollziehbar, nicht wahr? Es beruht auf einem Miteinander und nicht auf einem Gegeneinander.

Auf einen ganz wichtigen Aspekt möchte ich noch hinweisen: Es macht einen großen Unterschied, ob Du dabei die *Du-Ansprache* oder die *Ich-Ansprache* benutzt. Die Du-Ansprache (oder wenn Du mit jemandem per Sie bist, auch *Sie-Ansprache*) wirkt immer verstärkend, die Ich-Ansprache immer mildernd. Wenn Du also jemanden loben möchtest, tue das bitte in der Du-Ansprache (bzw. Sie-Ansprache), sage z.B.: „Das hast Du wunderbar hinbekommen!" Oder „Sie haben wirklich einen exzellenten Text geschrieben!"

Möchtest Du hingegen jemanden kritisieren, so benutze die Ich-Ansprache. Sage nicht: „Du bist zu spät!", sondern: „Ich habe auf Dich gewartet." Merkst Du den Unterschied? Beide Aussagen haben den gleichen Inhalt, nur die Ich-Ansprache wirkt weniger vorwurfsvoll. Generell ist es also besser, jegliches negative Feedback, auch im Rahmen der *SAG-Es*-Formel, immer in der Ich-Ansprache zu geben.

## 4.5 Lösungsansätze nach dem Harvard-Konzept

Du hast jetzt schon den einen oder anderen Tipp bekommen, wie Du auf Konflikte reagieren kannst. Doch mit dem *Harvard-Konzept* steigen wir in die hohe Schule der Konfliktlösung ein. Es ist einsetzbar bei kleinen und mittelschweren Konflikten bis hin zu großen komplizierten Verhandlungen. Da Dir mein Buch im täglichen Leben helfen soll, werde ich hier keine Beispiele aus der Weltpolitik anführen, sondern wieder so nah wie möglich an unserem Alltag bleiben.

Dem Harvard-Konzept liegen zwei Konfliktlösungstypen zugrunde: Der harte Typ und der weiche Typ. Vielleicht kannst Du Dich schnell einem der beiden Typen zuordnen. Jedoch keiner der beiden Typen geht aus einem Konflikt zufrieden raus. Selbst wenn der Konflikt gelöst ist oder gelöst scheint, hinterlässt er Spuren. Der harte Typ beruft sich häufig auf Positionen (darauf komme ich gleich noch), ist hart in der Sache und zu den Menschen. Auch wenn er häufig gewinnt, hat dies ebenso Nachteile. Wer hart austeilt, muss auch hart einstecken. Wenn das Gegenüber ein genauso harter Typ ist, sind die Mittel irgendwann erschöpft und außer harten Angriffen passiert nichts mehr. Der Konflikt bleibt bestehen. Ist ein Gegenüber hingegen nicht so hart oder sogar weich, wird der harte Typ zwar gewinnen, jedoch zu einem hohen Preis, denn die Beziehungsebene wird gestört sein. Der weiche Typ ist zwar der sozial angenehmere, nur weicht er Konflikten gerne aus. Wenn es zu Gesprächen kommt, gibt er schnell nach, sucht nach friedlichen Lösungen und wird vom härteren Typen oft ausgenutzt. Das hinterlässt beim weichen Typen natürlich ebenfalls Spuren. Sein Selbstwertgefühl leidet und natürlich wird er mit dem Ergebnis selten zufrieden sein.

Ein häufig auftretendes Problem ist das Feilschen um Positionen. Im Job kann es ganz klar um hierarchische Positionen gehen, wer hat z.B. den höheren Rang, wer hat die besseren Kontakte zur Führungseben oder zum Kunden, wer liegt in der Beliebtheitsskala weiter vorne usw. Im privaten Bereich ist die typische „Mann im Haus"-Bezeichnung gesellschaftlich zwar schon lange überholt, wird jedoch in vielen Familien immer noch gelebt. Auch solche (Streit-) Themen, wie: „Wer bringt mehr Geld nach Hause?" können eine nicht unerhebliche Rolle spielen. Und ebenso gilt auch hier, wer ist stärker im privaten Umfeld integriert. Denke doch nur mal zurück an die Eskalationsstufen (Kapitel 3.3), insbesondere bei der Suche nach Verbündeten. Auch dies gelingt der härteren Person leichter.

Wenn der Kampf um Positionen im Vordergrund bei der Konfliktlösung steht und sei es ggf. auch unbewusst, wird das negative Folgen haben. Eine gütliche Einigung zur Zufriedenheit beider Parteien wird nicht möglich sein. Oft verfangen sich die Verhandlungspartner in ihren Positionen, da keiner sein Gesicht verlieren will. Und das eigentliche Thema gerät in den Hintergrund. Wenn es überhaupt zu Lösungen kommt, dann sehr langsam, da nur nach und nach kleinere Zugeständnisse gemacht werden. Häufig stehen Selbstverteidigung und Angriff über dem eigentlichen Konfliktthema.

Und jetzt frage Dich bitte mal: Wie oft hast Du schon Konflikte auf der Grundlage der unterschiedlichen Positionen zu lösen versucht? Ich behaupte, sehr vielen ist das schon so ergangen! Ich möchte Dir ein kleines Beispiel geben, in dem es sich um nichts anderes als um Positionen dreht: Ein Pärchen lernt sich kennen und trifft sich aus rein pragmatischen Gründen immer bei ihm, denn ihre Arbeitsstelle liegt in der Nähe seiner Wohnung. Seine hingegen liegt sehr weit entfernt von ihrem Zuhause. Das geht eine Weile gut. Nur irgendwann fällt ihr auf, dass das Gleichgewicht nicht stimmt. Sie denkt sich: Wieso soll ich eigentlich immer zu ihm fahren, er kann genauso gut auch zu mir kommen. Sie tritt in eine Verweigerungshaltung á la: „Wenn Du nicht auch mal zu mir kommst, komme ich nicht mehr zu Dir." Sie übt damit natürlich Druck aus und „kämpft" aus der Position der Angebeteten. Er wiederum ist ein selbstbewusster Mann und denkt sich „Wie kommt sie denn plötzlich darauf?". Außerdem möchte er seine pragmatischen Vorteile nicht aufgeben und sich auch nicht unter Druck setzen lassen. Also reagiert er mit Trotz.

Bei dem Pärchen geht es nicht um das eigentliche Thema „Wer übernachtet bei wem?", denn das könnte leicht besprochen werden, sondern um Positionen. Sicher hat die Frau aus ihrer Sicht Recht, nur setzt sie die Position der Angebeteten ein. Dabei kann das Ganze schnell geklärt werden, wenn sie miteinander reden bzw. sachlich verhandeln. Vielleicht schmunzelst Du jetzt und denkst: Da benehmen sich Erwachsene mal wieder wie im Kindergarten! Doch Du weißt auch, dass es solche „lächerlichen" Konflikte tausendfach gibt, nicht wahr? Und wie oft ein böser Streit durch Kleinigkeiten entsteht, habe ich bereits dargelegt. Die Frage ist nun: Wenn es so ist, häufig über Positionen Konflikte zu lösen, was können wir dagegen tun?

Das Harvard-Konzept setzt vier Grundsätze ein, die für die realistische Lösung eines Konfliktes einfach unabdingbar sind. Auf den folgenden Seiten stelle ich sie Dir vor.


4.5.1    Menschen- und Sachprobleme trennen


Zu Beginn des Buches habe ich dargelegt, dass Emotionen bei Konflikten eine wesentliche Rolle spielen. Daher haben Konfliktparteien auch zwei grundlegende Themen: zum einen den Konfliktgegenstand bzw. -auslöser und die persönlichen Beziehungen. Und ganz schnell geschieht es, dass die persönlichen Beziehungen, die auf den Emotionen aufbauen und die sachlichen Themen miteinander vermischt werden. Aufgrund der bei einem Konflikt aufflackernden Emotionen kann es rasch zu Missverständnissen, Unterstellungen, Unsachlichkeiten und Interpretationen kommen. Das ist ganz menschlich, nur stehen diese Dinge einer Konfliktlösung häufig im Weg. Wem nützen Vorwürfe, Schuldzuweisungen oder Tadel? Und vor allem, wie

reagiert die Gegenseite darauf? Natürlich mit emotionalen Ge-
genattacken. Meinst Du, dass auf dieser Basis ein Konflikt gelöst
werden kann? Wohl eher nicht.

Deshalb ist es wichtig, dass Du das eigentliche Thema von
persönlichen Regungen trennst. Wie Dir das gelingt, hast Du im
vorherigen Kapitel schon erfahren. Nur die Emotionen sind das
Komplizierte bei der Konfliktlösung.

Wie wäre es also, wenn Du als Erste/r aus dem emotionalen
Kreislauf aussteigst? Du hast ja jetzt schon gelernt, Deine
starken Emotionen etwas runterzufahren. Was Dich noch
bedrückt, sprich offen an (in der Ich-Ansprache)! Das erzeugt
Vertrauen und Du und Dein Gegenüber könnt wieder eher auf
die Sachebene kommen. Sollte Dein Gegenüber jedoch erstmal
lospoltern, dann gilt ein wichtiges Gesetz: Lass ihn poltern, bis er
von alleine aufhört! Er wird seine Emotionen los und eine
Rückkehr zur Sachebene ist eher möglich. Wichtig dabei: Bleibe
während der Polterei ruhig und höre aufmerksam zu. Erstens
spart das Zeit, zweitens bekommst Du eine Menge von dem mit,
was Dein Gegenüber beschäftigt und das kannst Du später für
Euch beide (wohlbemerkt!) nutzen.

Neben den Emotionen gibt es noch zwei weitere Faktoren, die
für Störungen sorgen können: die Fehler in der Kommunikation
sowie Vorstellungen und Erwartungen. Zu dem Thema
Kommunikation hast Du schon viel gelesen, besonders möchte
ich Dich nochmal an konfliktprovozierende Wörter erinnern. Nur
wie sieht es mit den Vorstellungen und Erwartungen aus.
Natürlich entstehen sie erstmal automatisch. Wichtig ist dabei,
dass Du Dir dieser bewusst wirst. Und an dieser Stelle möchte
ich Dich mit dem Phänomen der *selbsterfüllenden Prophezeiung*
vertraut machen. Hierbei geht es darum, dass das, was Du
erwartest auch eintritt. Bist Du morgens schon mal aufgestanden
und Dir sind schon gleich einige Missgeschicke passiert, z.B.
Kaffeetasse umgekippt, linker Schuh verschwunden usw.? Wie
sagen wir dann häufig? „Das ist nicht mein Tag!" Und der wird es

dann auch nicht. Denn Du richtest Deine Wahrnehmung automatisch auf negative Aspekte. Die treten dann wie von Zauberhand auch ein. Spannend, nicht wahr? Dieses Phänomen hat übrigens seit vielen Jahren Einzug in die wissenschaftliche Psychologie erhalten, d.h. es ist belegt. Je negativer also unsere Vorstellungen und Erwartungen sind, umso mehr werden sie die Konfliktlösung hemmen. Keine Sorge, ich halte Dir jetzt keinen Vortrag über positives Denken. Ich wünsche mir nur, dass Du realistisch bist. Lass Dich nicht aufgrund von Emotionen, der Situation, dem Gegenüber etc. in die Falle der negativen Erwartungen und Vorstellungen reinziehen.

Um einen Konflikt lösen zu können, ist es wichtig, sich in die Lage des Gegenübers zu versetzen. Höre dem anderen genau zu und versuche zu verstehen, was in ihm gerade vorgeht. Über die Hintergründe von Konflikten hast Du schon viel gelesen und Du weißt auch schon, wie wichtig es ist, dass Du verstehst, was in dem anderen gerade passiert. Das heißt nicht, dass Du es gut finden musst. Wenn Du jedoch in der Lage bist, seine Interessen zu erkennen, kann Dich das etwas milder stimmen. Hinzu kommt, dass Du Dich in dem Moment, wenn Du hinter die Fassade des anderen einen Blick wirfst, selbst vor Vorurteilen schützt. Das Paradoxe daran: Sobald Du Deinem Konfliktpartner ruhig zuhörst und zeigst, dass Du einen Teil seiner inneren Prozesse verstehst, wird er überrascht sein und an Härte nachgeben. Letztlich sehnen wir uns doch alle nach Verständnis und bäumen uns auf, wenn es ausbleibt. Dir geht es ganz sicher auch nicht anders?

Wichtig ist in Konfliktgesprächen auch, dass Du dem anderen Rückmeldungen gibst, was Du verstanden hast. Das zeugt von Deiner Aufmerksamkeit und verhindert Missverständnisse. Sprich dabei klar, ruhig und sachlich. Das ist gerade in diesem Moment sehr wichtig. Mit diesen kleinen Hinweisen schaffst Du es schon, dass der andere am Ergebnis beteiligt wird. Kaum ein Mensch wird zufrieden aus einer Konfliktsituation hinausgehen, wenn er nicht das Gefühl hat, an der Lösung des Problems teilgehabt zu haben. Zudem wahrt das Gegenüber sein Gesicht. Das ist enorm wichtig, denn sonst entsteht Ablehnung, nicht nur in Bezug auf das Ergebnis, sondern auch in Bezug auf Dich und das wäre kontraproduktiv.

## 4.5.2 Nicht Positionen, sondern Interessen verfolgen

Welche Auswirkungen der Kampf um Positionen auf einen Konfliktlöseprozess haben, habe ich schon dargestellt. Viel wichtiger hinter den Positionen sind die Interessen der einzelnen Parteien, denn genau diese bewegen alle Beteiligten zu Entscheidungen. Dabei gilt nicht zwangsläufig, dass beide die gleichen Interessen verfolgen müssen. Stell Dir vor, Du leihst jemandem Geld und vereinbarst einen Zeitpunkt für die Rückzahlung. Der Zeitpunkt kommt und von dem Geld keine Spur. Ganz schnell führt das bei Dir zu Irritationen. Wenn noch mehr Zeit verstreicht, kommt es zu einem Konflikt, den Du hoffentlich zeitnah auf den Tisch packst, um ihn direkt mit der Person zu klären. Dein Interesse ist es, Dein Geld wieder-zubekommen. Das Interesse des anderen ist es, ggf. noch etwas Aufschub zu erhalten. Zwei völlig unterschiedliche Interessen prallen aufeinander. Das ist nicht selten, dennoch lösbar. Denn es gibt auch mindestens ein gemeinsames Interesse, nämlich das Vertrauen zwischen Euch beiden nicht zu gefährden. Und darauf kommt es an. Natürlich ist es auch hier wieder wichtig, sich in die Interessen des Gegenübers hineinzuversetzen. Wieso verhält sich Dein Gegenüber so? Welche Ängste und Bedenken hat er? Du brauchst es nicht gut zu finden, doch nur wenn offen über die Interessen gesprochen werden kann, gibt es eine Ausgangsbasis. Wenn hierbei Positionen eine Rolle spielen, wie z.B. „Ich bin in der Position des Rechthabenden und Du in der Position des Schuldigen." kommen wir kein bisschen weiter.

Bei Konflikten geht es um nichts anderes als darum, seine eigenen Interessen zu wahren und eventuell zu verteidigen, die Interessen des Gegenübers jedoch nicht zu ignorieren. Im o.g. Beispiel handelt es sich um einfache klare Interessen, doch manchmal stehen hinter einem Konflikt auch mehrere Interessen. Du möchtest im Büro in Ruhe arbeiten, Du möchtest einen offenen Umgang miteinander, gegenseitige Unterstützung ist Dir wichtig usw.

Die Frage ist nun: Wie erkenne ich die Interessen des Gegenübers? Vielleicht hilft Dir die Nennung folgender Bedürfnisse, die für alle existenziell wichtig sind und die im Konfliktfall häufig nicht befriedigt werden:

1.  Körperliche und psychische Sicherheit

2.  Materielle Sicherheit

3.  Anerkennung

4.  Recht auf Selbst– und Mitbestimmung

Werden diese Bedürfnisse ignoriert, steht ein Konflikt schon fast vor der Tür. Verinnerliche sie so gut wie möglich, denn nur dann kannst Du sie bei anderen und bei Dir selbst erkennen. Und wenn Du sie bei Dir selbst erkannt hast, so kannst Du daraus auch Deine Interessen ableiten. Lege sie im Gespräch ganz offen dar und Dein Gegenüber hat es sehr schwerer, noch länger hart zu bleiben. Wenn die Interessen über den Positionen stehen, ist übrigens die Chance auf eine schnelle Lösung des Konfliktes sehr hoch, denn Du kommst über die Interessen sehr schnell zu der Sache. Manchmal sind sogar die Interessen die Sache, da die Interessen häufig klarer nachvollziehbar sind, als der Kampf um Positionen. Es ist auch einfacher, dem Gegenüber direkt zu erklären, dass Du seine Interessen verstehst und in Zusammenarbeit mit ihm sehr an einer Lösung des Konfliktes zum Vorteil beider Parteien interessiert bist. Das Endergebnis wird eine Vereinbarung für die Zukunft sein.

Ist Dir übrigens schon einmal aufgefallen, dass die Gründe für Konflikte meistens in der Vergangenheit liegen, die nicht mehr zu ändern ist? Der eine hat mal das gesagt, der andere hat mal jenes getan - alles Vergangenheit! Doch die Lösungen können nur in der Gegenwart und in der Zukunft liegen. Keiner kann rückwirkend noch irgendetwas ändern. Wichtig ist doch, wie es ab sofort weitergeht, was daraus gelernt und wie mit der Vergangenheit umgegangen wird, nicht wahr? Also lassen wir die Vergangenheit hinter uns und wenden uns unserem Jetzt und unserem Morgen zu.

Kommen wir abschließend noch einmal auf das Beispiel mit dem verliehenen Geld zurück. Die Interessen werden von Dir und dem Schuldner im Idealfall klar ausgesprochen. Du möchtest Dein Geld gerne wiederhaben und das Vertrauen in den Freund wieder stabilisieren. Der andere möchte das Geld unbedingt zurückzahlen, möchte jedoch gerne noch ein wenig mehr Zeit. Auch ihm liegt ein vertrauensvolles Verhältnis am Herzen. In diesem Moment ist es ganz klar, dass es eine Lösung geben muss, die für Euch beide akzeptabel ist. Dadurch, dass Ihr beide Eure Interessen ganz offen dargelegt habt, steigt die Chance für gegenseitiges Verstehen und Lösung des Konfliktes. Die Emotionen konnten sich durch das Erkennen und Begreifen der Interessen des jeweils anderen beruhigen. Nun gibt es keinen Grund mehr, nicht an der eigentlichen Sache zu arbeiten. Welche Lösung Ihr findet, liegt natürlich ausschließlich in Euren Händen. Doch wie Ihr diese findet, erfährst Du im nächsten Abschnitt.

### 4.5.3 Vor Entscheidung verschiedene Optionen zu beiderseitigem Nutzen entwickeln

Es ist nachvollziehbar, dass im Idealfall (und den streben wir ja an) Lösungen entwickelt werden, die für beide Seiten von Interesse sind. Oftmals stehen uns in der Realität allerdings ein

Mangel an Wille und Zeit im Wege. Du kennst doch sicher die Aussage: „Er/sie weiß genau, was er/sie will." Das mag ja für den eigenen Weg durch das Leben und das Erreichen von Zielen sehr sinnvoll sein. Bei der Lösung von Konflikten kann das auch hinderlich werden. Wenn Du auch zu den zielstrebigen Typen gehörst, gratuliere ich Dir. Nur bitte ich Dich gleichzeitig, wenn es um Konflikte geht, etwas offener und milder zu sein. Noch keiner von uns hat den Stein der Weisen gefunden und wer weiß, was es noch für interessante Optionen bei der Konflikt- bewältigung gibt, als Deine. Sofern jeder auf seine einzig vermeintliche Lösung pocht, kommt es in der Regel zum Abbruch dieses Prozesses. Das Gleiche passiert, wenn alle Parteien nach dem Entweder – Oder Prinzip denken, entweder Du oder ich. Und da sind wir meist schon wieder auf der Ebene der Positionen. Du merkst, es ist gar nicht so einfach, sich davon zu trennen. Es kann jedoch auch geschehen, dass wieder jeder nur auf seine eigenen Interessen pocht und nicht bereit ist, sich die Interessen des anderen anzuhören. Sicher stecken dahinter wieder starke Emotionen, nur möchtest Du nun den Konflikt lösen oder nicht?

Blicken wir auf unsere Eskalationsstufen zurück, so wissen wir: Ab Stufe 4 ist nur noch eins möglich: das Einschalten eines Vermittlers! Sei es ein Experte auf dem Gebiet der Kommunikation/Konfliktlösung, oder ein guter Freund, der Chef oder im Idealfall ein Mediator. Egal für wen Du Dich entscheidest, das Wichtigste ist, dass er/sie unparteiisch ist. Fällt die Wahl auf einen Mediator/eine Mediatorin oder auf einen anderweitig geschulten Experten, dann kann dieser in der jetzigen Phase bei der Herausarbeitung der jeweiligen Interessen sehr hilfreich sein. Eine neutrale Person oder ein/e Mediator/In erkennt meist viel schneller, welche Interessen hinter einem Konflikt stehen. Und wenn es um das Finden von Lösungen geht, dann kann eine solche neutrale Person von großem Nutzen sein. Du weißt ja, was einer Konfliktlösung alles im Wege stehen kann. Und der Findungsprozess benötigt halt einfach Zeit. Entscheidend ist, was am Ende dabei herauskommt. Es gibt verschiedene

Möglichkeiten, Lösungen zu finden. Zum einen das Brainstorming: Hier werden in der ersten Phase einfach nur Ideen gesammelt. Oberstes Gebot ist dabei: Egal was da offenbar Abstruses kommen mag, es wird nicht bewertet, sondern erst einmal nur notiert. Der Vermittler nimmt einfach nur auf. Anschließend werden die Optionen auf ihre Umsetzbarkeit hin geprüft. Auch da ist der Vermittler wichtig, denn hinter so manch abwegiger Idee steckt ein guter Impuls für eine Lösung. In der Mediation werden im Anschluss die umsetzbaren Ideen zusammengefasst. Dabei setzen die Beteiligten hinter ihre Lieblingsideen Punkte. Die Idee(n) mit den meisten Punkten gewinnt (gewinnen). Das können übrigens mehrere Lösungsansätze sein, die parallel umgesetzt werden können.

Es gibt noch eine zweite Technik zur Lösungsfindung: das Kreisdiagramm. Hier wird sich dem Problem auf vier Ebenen genähert.

Problem beschreiben

Das hört sich einfacher an, als es ist. Daher ist es sehr wichtig, erst einmal das eigentliche Problem zu bestimmen. Manchmal kann das so verwirrend sein, dass auch hier ein/e Vermittler/In mit einbezogen werden sollte. Ich bekomme immer wieder Anfragen von Unternehmen, die lauten in etwa so: „In der Abteilung X stimmt etwas mit dem Betriebsklima nicht. Können Sie mal schauen, was da los ist?" Das klingt zwar nach einem konkreten Problem, ist es jedoch nicht. Um das eigentliche Problem zu erkennen, braucht es meist viel mehr als nur „Da stimmt was nicht." Erst wenn das Problem klar herausgearbeitet wurde, geht es in die nächste Ebene der Konfliktlösung.

### Ursachen feststellen

Jetzt heißt es, zu analysieren, was genau hinter dem Problem steckt. Wir haben schon mehrfach von den Interessen gesprochen. Vielleicht wurde ja von einer Seite eins der Grundbedürfnisse missachtet und das Interesse liegt klar auf der Hand. Vielleicht finden wir die Gründe jedoch auch bei den Konflikttheorien und den Hintergründen, die Du schon kennengelernt hast. Wichtig ist, dass Du in der Lage bist, auf diese Ebene emotionslos zu schauen, um rational klar urteilen zu können.

### Lösungsmodelle entwickeln

Ich kann Dir an dieser Stelle nur empfehlen, so vorzugehen, wie ich es schon beschrieben habe (Brainstorming …). Ich habe damit sehr gute Erfahrungen gemacht. Und ich möchte Dich noch einmal darauf hinweisen, wie wichtig es ist, dass beide Parteien gemeinsam an der Lösungsfindung arbeiten. Nur so kann eine solche von den Beteiligten angenommen werden. Ich erlebe hin und wieder, dass Führungskräfte an Lösungen für das Problem eines Teams arbeiten und sie dann dem Team präsentieren. Ich möchte nicht ausschließen, dass es Teams gibt, die „Heureka" rufen und alles begeistert umsetzen. Viel häufiger wird es jedoch so sein, dass die innere Umsetzungsbereitschaft nur gering sein wird, weil das Team nicht beteiligt war. Ob dann das gewünschte Ergebnis erreicht wird, ist fraglich.

### Festlegen konkreter Maßnahmen

Nehmen wir an, dass jetzt gemeinsame Lösungen für ein Problem erarbeitet wurden. Das ist schon mal ein großer Erfolg und die Parteien fühlen sich gelöster. Nur denke nun bitte nicht: Das war's! Das wäre wirklich zu einfach. Jetzt geht es daran, konkrete Maßnahmen für die Umsetzung der Lösung(en) festzulegen. Diese können z.B. darin bestehen, dass ein Paar, das beschlossen hat, den Haushalt ab sofort gemeinsam zu erledigen, festlegt, wer wann was macht. In Unternehmen kann sich dies von der Aufstellung von Unternehmensleitsätzen bis hin zur Festlegung von Aufgaben einzelner Mitarbeiter/Innen erstrecken. Es gibt viele verschiedene Wege. Doch auch hier heißt es wieder: Miteinander nicht gegeneinander! Das Gemeinsame stellt in vielen Fällen keine große Herausforderung dar, es sei denn, die Beziehungsebene ist noch nicht zu 100% geklärt. Dann kann auch daraus eine gemeinsame Aufgabe entstehen, denn sachliche Lösungen bedeuten nicht immer auch die Lösung auf der Beziehungsebene.

Egal, auf welche Art und Weise eine Lösung gefunden wird, eine der wichtigsten Vorrausetzungen ist die Bereitschaft beider Seiten, in diesen Prozess einzusteigen. Manchmal ist es notwendig, im Vorfeld eines Lösungsprozesses, Einzelgespräche mit den beteiligten Personen zu führen, um verschiedene Probleme, die gerade ablaufen, zu erkennen. Auch hier kann ein Vermittler hilfreich sein, denn eins darfst Du nie unterschätzen: Den Faktor Mensch. Ansonsten wird sich ein Lösungsprozess entweder erschweren oder gar nicht möglich sein.

### 4.5.4    In der Verhandlung objektive Kriterien heranziehen

Dieser Aspekt wurde in den letzten Abschnitten bereits öfter angesprochen. Gerade wenn unterschiedliche Interessen vorliegen, ist es wichtig, dass Du so objektiv wie möglich bleibst. Ein Vermittler hat dafür gute Chancen, denn gerade er hat die Aufgabe, den Emotionen Objektivität entgegenzusetzen und für Fairness zu sorgen. Objektive Kriterien können Gesetze, Normen, Regeln und auch Präzedenzfälle sein. Mit Präzedenzfällen sind nicht nur gerichtliche Urteile gemeint, sondern auch einfache Beispiele aus dem alltäglichen Umfeld, die Dir zeigen, wie eine Lösung aussehen kann. Ein häufiges Beispiel ist der Streit um das Sorgerecht für Kinder nach einer

Trennung. Natürlich spielen hier die Emotionen eine ganz große Rolle und leider werden diese Konflikte häufig auf dem Rücken der Kinder ausgetragen. Nur dafür gibt es gesetzliche Regeln und hier empfehle ich, mit einem Vermittler zeitnah eine Umsetzung der Gesetze zu vereinbaren, sofern es die Ex-Partner nicht alleine hinbekommen. Leider versucht häufig eine der beiden Parteien mit Druck ihre Vorteile durchzusetzen, wieder oft zum Nachteil der Kinder. Womit wir wieder beim Thema Fairness sind. Diese wird häufig vergessen. Stattdessen wird - trotz gesetzlicher Regeln - über das Ausüben von Druck versucht, die Situation zum eigenen Vorteil zu beeinflussen. Die Auswirkungen und Belastungen liegen dabei für alle Beteiligten, v.a. auch für die Kinder, klar auf der Hand. Sollte so etwas in Deinem Umfeld oder gar Dir selbst passieren, halte Dich an objektive Kriterien (Absprachen, Urteile usw.) und sorge bitte auch in Deinem Umfeld dafür. Vielleicht kannst Du ja in einem solchen Konflikt als Vermittler/In fungieren. Je objektiver der Sorgerechtsstreit betrachtet wird, umso schneller wird im Interesse der Kinder eine faire Lösung möglich. Es ist ein moralischer Wert, dass sich die Eltern zwar trennen mögen, jedoch die Kinder weitestgehend aus den Streitereien herausgehalten werden. Wenn die Eltern dies nicht erkennen, sind Freunde die besten Vermittler. Und ich persönlich würde als Freundin da ganz klar die objektive Betrachtung in den Vordergrund stellen. Dass tiefe Verletztheit und starke Emotionen da hineinspielen ist ganz klar. Nur das ist ein anderes Thema. Natürlich müssen die verarbeitet werden und dennoch ist es wichtig in Bezug auf die Kinder, objektiv an die Lösungs-findung heranzugehen.

Und es gibt noch weitere Beispiele: Streits zwischen zwei Geschäftsführern oder auch Kollegen. Bitte denke immer daran: Nur über objektive Kriterien ist es möglich, den Konflikt nicht nur im eigenen Sinne zu lösen, sondern auch im Interesse des Umfelds. Unterstützend für eine Konfliktlösung sind vereinbarte Ziele: Wo wollen wir hin? Das führt dann auch gleichsam dazu, dass die Konfliktparteien nicht mehr in der Vergangenheit leben, sondern in die Zukunft denken. Wenn jemand nicht offen für objektive Herangehensweisen ist, zeigt das häufig, dass er immer noch um Positionen feilscht. Was das bringt, hast Du schon gelesen – alles, nur keine Lösung! Spannend ist in diesem Zusammenhang auch, dass so mancher Konfliktpartner wegen dem Feilschen des Gegenübers weiter mit Druck arbeitet. Und Druck erzeugt ja bekanntlich Gegendruck. Gegen Druck können wir uns wehren, objektive Kriterien jedoch akzeptieren! Und hierbei zeigt es sich auch, ob die andere Konfliktpartei ein wirkliches Interesse an einer Lösung hat, die in beiderseitigem Vorteil liegt. Wenn das nicht der Fall ist, dann kann der Lösungsprozess abgebrochen werden. Dazu im nächsten Abschnitt mehr.

## 4.6 Wenn Du ein Problem nicht lösen kannst, löse Dich vom Problem

Gerade im letzten Kapitel hast Du erkannt, dass ein Konflikt - trotz vieler Bemühungen - manchmal auch nicht lösbar ist. Dann darfst Du gehen. Es ist völlig legitim, wenn Du nach mehreren Lösungsversuchen zu der Erkenntnis gelangst, dass Du nicht mehr weiterkommst oder einfach nicht mehr willst. Das ist kein Scheitern! Es gibt Situationen, in denen kein anderer Weg mehr möglich ist. Wir reden hier übrigens immer noch von Lösungsmöglichkeiten, denn Rückzug ist eine ebenso legitime Lösung wie Kämpfen. Ein Konflikt bedeutet ja immer Stress und es gibt immer zwei Möglichkeiten, diesen abzubauen: Kampf oder Flucht. Kampf bedeutet dabei nicht automatisch, die Fäuste auszufahren. Vielmehr geht es darum, eine aktive Klärung herbei zu führen. Und Flucht bedeutet nicht automatisch weglaufen, sondern zu erkennen, wann alle machbaren Varianten ausgeschöpft sind. Ist letzteres der Fall, dann ist es sogar sehr empfehlenswert, aus dem „Tanz" auszusteigen. Ja, es ist nicht nur empfehlenswert, sondern auch schlau!

Ich hatte mal einen jungen Mann im Coaching, der viele Jahre mit einer Frau liiert war, die er sehr liebte. Doch mit der Zeit kam es immer häufiger zu Konfrontationen. Sie hat ihn energetisch vollkommen ausgesaugt. Er ist immer wieder auf sie zugegangen, hat das Gespräch gesucht, hat alle Register gezogen, um die Beziehung zu retten. Es endete damit, dass er eines Tages vor Erschöpfung körperlich und psychisch zusammenbrach. Mit Hilfe seiner Freunde kam er nach drei Wochen körperlich langsam wieder auf die Beine. Und zum Glück hatte er die Erkenntnis, dass er die Frau verlassen musste, wenn er weiter existieren wollte. Ich hoffe, Du hättest spätestens an diesem Punkt auch diesen Weg gewählt. Und er war genau richtig. Mein Klient konnte das Beziehungsproblem nicht lösen und hat sich deshalb vom Problem gelöst. In diesem Fall war es die einzig richtige Entscheidung.

Ähnlich problematisch kann es auch sein, wenn einer der Konfliktpartner nicht zu einer Lösung bereit ist. Und das ist oft der Fall. Wir wissen, dass ein Konflikt nur dann gelöst werden kann, wenn beide Parteien an einer Lösung interessiert sind. Wenn Du jedoch das Gefühl hast, ständig nur gegen Windmühlen zu kämpfen, dann zieh einen Schlussstrich! Es ist Deine Energie! Ein solcher Kampf bedeutet für Dich immer wieder Stress! Das brauchst Du nicht, das macht Dich krank. Mag der andere Dir auch noch so wichtig sein. Möchtest Du wirklich krank werden? „Aber er/sie kann auch anders." höre ich jetzt so einige sagen. Darauf kann ich nur erwidern: Wenn Du bei der Austragung kleinerer Konflikte immer derjenige /diejenige bist, der/die nachgibt und somit immer den Kürzeren ziehst, gibt es zwei Varianten. Zum einen: Hole Dir professionelle Unterstützung und wenn das auch nicht mehr hilft, dann geh! Das Wichtigste bei einer Konfliktlösung ist immer, dass Du ein Ziel hast! Dass Du kompromissbereit bist, also eine sogenannte „Second-best-Lösung" im Hinterkopf hast, die für beide Partner eine akzeptable Lösung darstellt, ist in Ordnung. Wenn Du selbst diese Kompromisslösung nie erreichst, steige aus!

Interessant ist auch die zweite Variante: Das temporäre Aussteigen. Manchmal ist es so, dass sich zu einem gewissen Zeitpunkt die Fronten so verhärtet haben, dass gerade keine Lösung möglich ist oder sogar die nächste Eskalationsstufe die Konsequenz wäre. Wie das enden kann, hast Du gelesen. Es könnte auf alle Fälle sehr ungemütlich werden. Da ist die Frage durchaus berechtigt, ob es nicht sinnvoller ist, sich zurückzuziehen und dem Ganzen einfach Zeit zu geben. Zeit kann viel lösen. Die Gemüter kühlen ab, der emotionale Abstand zum Konfliktthema wird größer. Beide Seiten haben Zeit, in Ruhe über alles nachzudenken. Das kann enorme Vorteile mit sich bringen und dabei helfen, einen Konflikt endgültig zu lösen. Die Dauer eines solchen temporären Ausstiegs kann im Vorfeld jedoch nicht immer festgelegt werden. Sicher ist es möglich, die Lösung eines sachlichen Konflikts, der im Meeting entstanden ist und nicht sofort ein einvernehmliches Ergebnis bringt, auf das nächste Meeting zu vertagen und beiden Parteien Hausaufgaben mitzugeben. Das kann sinnvoll sein. Im privaten Bereich bzw. bei Beziehungskonflikten ist das nicht immer so klar. Bei dem temporären Ausstieg gibt es wiederum zwei Varianten. Die eine ist eine vereinbarte Waffenruhe, ob zeitlich festgelegt oder nicht, ist hier zweitrangig. Die andere ist der unbewusste temporäre Ausstieg, bei dem eine Partei nach innen wie nach außen hin den endgültigen Schlussstrich zieht. Dahinter steckt jedoch manchmal nur der Wunsch, sich erst einmal zu erholen. Langfristig kann diese Partei, wenn auch unbewusst, durchaus an einer Lösung interessiert sein. Ob es dann wirklich dazu kommt oder nicht, bringt die Zeit. Ich habe es übrigens oft erlebt, dass allein die Zeit schon so manchen Konflikt löst. Beispielsweise kann es in einem Unternehmen vorkommen, dass eine der Konfliktparteien aus vollkommen anderen Gründen die Stelle wechselt. Zack! – Problem gelöst, ohne Kampf. Genauso gut kann es sein, dass sich die beiden Kontrahenten in irgendeinem anderen Kontext zufällig begegnen und feststellen, dass die einst so tiefe Abneigung gar nicht mehr vorhanden ist. Dann ist Annäherung möglich. Oft ergibt sich nun ganz ungezwungen die Möglichkeit, den alten Konflikt neutral zu besprechen. Menschen entwickeln sich und ihre Sichtweisen mit ihnen, Und häufig sitzen ehemalige Streithähne zusammen und fragen sich, wieso es überhaupt zu einem Konflikt kommen konnte. Solch ein Verlauf ist natürlich wunderbar.

Es gibt noch eine dritte Möglichkeit die Aussage „Wenn Du ein Problem nicht lösen kannst, löse Dich vom Problem" zu interpretieren. Wenn es aus verschiedenen Gründen nicht möglich ist, einen immer wieder aufflammenden Konflikt zu klären und Du nicht aussteigen kannst, dann löse Dich innerlich vom Konflikt. Besonders bei nicht so schwerwiegenden Problemen kann das hilfreich sein. Ein Beispiel: Du selbst legst großen Wert auf Pünktlichkeit. Eine enge Freundin/ein enger Freund kommt jedoch zu jeder Verabredung zu spät. Pünktlichkeitsfanatiker kann das in den Wahnsinn treiben. Nur was bringt es? Du kannst Deinem Gegenüber natürlich immer wieder ein empörtes Feedback geben. Nur wenn sich am Verhalten des anderen nichts ändert, verschwendest Du Energie, wenn Du Dich aufregst. Denke um! Freue Dich einfach über das Treffen! Löse Dich innerlich von Deinem Problem mit dem Zuspät-Kommen. Du kannst es nicht ändern. Nimm es also, wie es ist! Jeder und jede von uns hat „Macken". Deine Einstellung zu den Macken der anderen liegt einzig und allein bei Dir. Du kannst Dich darüber aufregen oder es lassen – Deine Entscheidung. Ich bin eine Freundin von energiesparendem Leben. Der normale Alltag raubt uns schon genug Energie, also wieso das noch durch unnützes Aufregen verstärken?

Ich habe Dir jetzt drei Möglichkeiten aufgezeigt, wie Du Dich von einem Problem lösen kannst. Auch wenn es die letzten Optionen in einer langen Kette von Handlungsmöglichkeiten sind, so sind es doch wichtige Optionen. Und bedenke immer: Gehen ist keine Schwäche. Es gehört meist viel Kraft und großer Mut dazu und oft tut auch das Herz richtig weh. Nur auch in diesen Momenten ist Licht am Ende des Tunnels.

# 5  Vorbeugend

Jetzt gebe ich Dir noch ein paar Tipps, die Du präventiv anwenden kannst, damit es erst gar nicht zum Konflikt kommt. Es ist natürlich vollkommen unrealistisch, in der Vorstellung zu leben, konfliktfrei durchs Leben zu gehen. Das ist Dir sicher bewusst. Nur es ist durchaus möglich, die Konflikte in Deinem Leben zu reduzieren, indem Du ab sofort ein paar grundlegende Regeln beachtest. Bei einigen Themen heißt es üben. Nicht alles wird Dir sofort gelingen. Doch wenn Du nicht aufgibst, wirst Du mit der Zeit merken, dass Du ruhiger und entspannter wirst. Die Reizthemen, die Dich tangieren und somit auch die Konflikte in Deinem Leben werden spürbar weniger werden. Du entziehst Ihnen einfach die Grundlage. Also auf geht´s!

## 5.1 Grenzen setzen – Grenzen achten

Dieses Prinzip ist eins der grundlegendsten im Umgang miteinander. Ich habe Dir ja schon von dem Thema Nähe – Distanz berichtet. Sorge dafür, dass Du die Freiheit bekommst, die Du für Dein Leben benötigst. Das bedeutet nicht, dass Du ab sofort keine Kompromisse mehr eingehen sollst. Das ist im Rahmen Deiner Wohlfühlzone immer noch möglich und auch nötig. Beobachte Dich einfach mal selbst. Was brauchst Du bezüglich Deiner Lebensbedingungen, wie Beruf und Familie, um Dich frei zu fühlen? Vielleicht ist es der eine Abend in der Woche, den Du mit Deinen Freunden verbringst oder zum Sport gehst? Vielleicht ist es weniger Kontakt zu Menschen, mit denen Du bisher nur wegen bestimmter äußerer Bedingungen Umgang hattest? Vielleicht möchtest Du auf Arbeit nicht immer der/die Einzige sein, der/die den Geschirrspüler ausräumt? Vielleicht ja auch zu Hause nicht? Horche einfach in Dich hinein. Erstelle Dir gegebenenfalls auch eine Liste. Nur arbeite sie nicht innerhalb eines Tages ab, das würde Dich und Dein Gegenüber nur überfordern. Lerne langsam, Deine Grenzen zu setzen. Übrigens hilft Dir die SAG ES-Formel dabei sehr gut, diese nach außen zu

kommunizieren. Sonst kann es sein, dass all diese Freiheits-
räuber Dich enorm nerven, Du alles in Dich hineinfrisst, bis Du
eines Tages platzt. Tu Dir das nicht an!

Es gibt auch viele, die meinen, sie können nicht „nein" sagen. Ich
gehörte lange Jahre auch dazu. Ich hab's jedoch gelernt. Und
das kannst Du auch! Ein kleiner Zwischenschritt ist die Antwort:
„Ja, jedoch nicht jetzt." Du sagst zwar noch ja, nur Du springst
nicht gleich. Das hilft vielen auf dem Weg zum „Nein-Sagen".
Und wenn Du es schließlich gelernt hast, dann wende es auch
an. Mach Dir bewusst, dass ein „Nein" nicht die Ablehnung
Deines Gegenübers als Mensch ist, sondern sehr häufig eine
Ablehnung der Sache und Du kannst ja auch empathisch „Nein"
sagen. Es ist für Dein seelisches Wohlbefinden so wichtig, dass
Du lernst, Grenzen zu setzen. Das gilt übrigens nicht nur in
Bezug auf Deine Außenwelt, sondern auch für Dich selbst. Frage
Dich doch mal, wie oft Du etwas tust, was Du nicht tun möchtest.
Du hast beispielsweise in Deiner Kindheit gelernt, dass alle
sechs Wochen die Fenster geputzt werden müssen. Wenn Du zu
denjenigen gehörst, die diese Arbeit nicht mögen, dann zwing
Dich doch nicht dazu. Nach sieben Wochen ohne Fensterputzen
wird weder den Scheiben noch Deiner Umwelt was Schlimmes
passieren. Klar, ist es dann mal dran. Nur Du bestimmst den
Rhythmus! Frage Dich einfach: Was MUSS ich privat oder
beruflich wirklich tun und was eher nicht. Frage Dich ebenfalls:
Was MUSS ich anderen gegenüber wirklich tun und was nicht?
Wenn Du eine sehr anstrengende Woche hattest und am
Freitagabend möchte Dein Freund/Deine Freundin unbedingt mit
Dir essen gehen und Dein sehnlichster Wunsch ist: Couch, dann
sage liebevoll „Nein", so wie Du es schon gelernt hast. Glaube
mir, wahre Freunde verstehen das. Wenn nicht, dann ist das
nicht Dein Thema. Natürlich kann es sein, dass, wenn Du
beginnst Grenzen zu setzen, der eine oder andere irritiert ist.
Lass es nicht zum Konflikt werden, sondern rede darüber. Wenn
das nicht fruchtet, dann ziehe Dich zurück. Du wirst entspannter,
umgänglicher und vor allem glücklicher sein. Und ein Mensch,
der mit sich im Reinen ist, lässt sich nicht so leicht in einen

Konflikt verwickeln. Je wohler Du Dich fühlst, umso weniger empfindlich bist Du.

Natürlich ist es ebenso wichtig, die Grenzen Deines Gegenübers zu akzeptieren. Wenn Dein Liebster/Deine Liebste ein Morgenmuffel ist, dann lass ihn/sie in Ruhe. Er/sie möchte zu dieser Zeit noch keine Konversation, vielleicht noch nicht mal Gute-Laune-Musik aus dem Radio. Akzeptiere das! Gönne ihr/ihm doch diese ruhige Morgenstunde. Oder wenn Dein Kollege/Deine Kollegin die Mittagspause lieber alleine verbringen möchte, dann nimm es nicht persönlich. Jeder von uns hat so seine kleinen Gepflogenheiten. Das ist menschlich. Viele können diese jedoch nicht akzeptieren, weil sie sie auf sich beziehen. Wenn jemand beispielsweise über ein Problem nicht mit Dir reden mag, dann akzeptiere es, ohne sauer zu sein. Achte diese Grenze! Das Wunderbare am Achten von Grenzen: Dein Gegenüber wird dafür sehr dankbar sein. Wir leben in einer Gesellschaft, in der das Akzeptieren von Grenzen nicht die Regel ist. Wenn Du den Wunsch nach Ruhe oder ähnliches beim Gegenüber jedoch akzeptierst, kommt der-/diejenige schneller von sich aus auf Dich wieder zu, als Du denkst. Das Verhältnis zueinander wird intensiver.

Ebenso hat jeder seine Macken. Und solange diese das zwischenmenschliche Zusammensein nicht stören, lass uns doch diese.

Es sind auch Grenzen, die wir achten sollten. Das geht bei unterschiedlichen Interessen los und endet bei bestimmten Charakterzügen. Erinnere Dich an die Persönlichkeitstypen. Wenn jemand nicht so kommunikativ ist wie Du, dann akzeptiere ihn so wie er ist. Es gibt genug andere Menschen in Deinem Umfeld, die so ähnlich ticken wie Du. Das heißt ja nicht automatisch, dass Du den ruhigen Menschen nicht mögen kannst. Er hat andere Eigenschaften, die Dir guttun.

Wenn Du diese beiden Themen, Grenzen setzen und Grenzen achten (zu denen es übrigens auch ein Buch im Quellenverzeichnis gibt), verinnerlichen und anwenden kannst, wirst Du feststellen, wie wenig Dich noch aufregen kann. Das Konfliktpotenzial reduziert sich enorm. Also viel Spaß beim Lernen, Üben und Erfolg haben! Letzteres wünsche ich Dir besonders, denn Erfolg spendet Dir nicht nur Kraft, sondern auch innere Gelassenheit.

## 5.2    Ärgere Dich nicht – lebe!

Um auch Auseinandersetzungen schon im Vorfeld zu vermeiden, möchte ich Dir hier noch ein paar weitere Tipps geben. Überlege mal, was Dich so über den Tag ärgert und frage Dich gleichzeitig: „Muss das sein?". Wieso ärgern Dich Dinge? Machst Du vielleicht Dinge zu Deinem Thema, die gar nicht Dein Thema sind? Wenn Du etwas gegen diese Ärgernisse tun kannst, dann werde aktiv. Wenn nicht, dann lass sie da, wo sie hingehören, jedenfalls nicht in Dein Leben. Sie kosten Energie und ziehen Dich runter. Sie tun Deiner inneren Ruhe nicht gut, im Gegenteil, sie machen Dich dünnhäutiger und somit konfliktanfälliger. Gleichsam kann es passieren, dass Du andere ungewollt mit Kleinigkeiten verärgerst. Und da Dein Gegenüber genauso ein Mensch ist, wie Du und ich, kann es sein, dass derjenige Energie auf sowas verschwendet und ebenso anfälliger wird für Konflikte. Möchtest Du das? Wenn nicht, dann gebe ich Dir hier einige kleine Tipps, wie Du Ärgernisse loswirst.

1.    Bitten statt zu fordern

Fordern bedeutet immer Macht zu demonstrieren. Hast Du das nötig? Sicher nicht. Dann tu Dir einen Gefallen und bitte den anderen um etwas. Er wird es Dir viel lieber geben, als wenn Du es forderst.

2.    Vertrauen statt Kontrolle!

Gib ein bisschen Kontrolle ab. Kooperation kann das wunderbar ersetzen. Wie fühlst Du Dich, wenn Du kontrolliert wirst? Okay, wenn Du im Berufsleben einen neuen Aufgabenbereich über-nimmst, bist Du sicher ganz dankbar, wenn jemand Deine Ergebnisse kontrolliert, bevor sie an den großen Chef gehen. Nur im normalen Alltag nervt Kontrolle. Ich weiß, es ist nicht einfach, Kontrolle abzugeben. Das hat immer was mit Vertrauen zu tun und das muss sich entwickeln. Wenn Du jedoch daran arbeitest, wird es Dir Dein Gegenüber danken. Ich verstehe natürlich, dass wir alle keine unbeschriebenen Blätter mehr sind. Wir wurden alle schon mal enttäuscht, ich genauso wie Du. Wenn es Dir schwer fällt zu vertrauen, rede mit Deinem Gegenüber und probiere es mit einem kleinen Vertrauensvorschuss. Wenn Dein Gegenüber diesen einmal missbraucht, gehe in die Klärung und bleibe dabei in der Ich-Botschaft. Geschieht das mehrfach, dann gehe. Nur wenn beispielsweise Dein Partner/Deine Partnerin sich verspätet, fange nicht an zu kontrollieren, sondern vertraue. Kontrolle zieht unwahrscheinlich viel Energie ab. Und vielleicht kennst Du das Kopfkino, was beginnt, wenn Du nicht vertraust. Meine Güte, was für Szenarien sich da abspielen können – unglaublich! Und das weißt Du vielleicht selber. Tut Dir das gut? Also mir nicht. Fange dann nicht an zu kontrollieren, lenke Dich ab, lies ein gutes Buch oder telefoniere mit Freunden.

3.   Übernimm Verantwortung!

Wenn bei Dir etwas nicht so gelaufen ist, wie Du es Dir vorgestellt hast, dann steh dazu! Du hast einen Fehler gemacht – okay! Darüber kannst Du Dich natürlich lange ärgern. Doch ändert das irgendetwas? Der Fehler ist passiert. Und Punkt! Du kannst ihn eventuell korrigieren. Doch ungeschehen machen kannst Du ihn nicht. Weißt Du, was für Dein inneres Ich viel hilfreicher ist? Genau das zu akzeptieren und dafür die Verantwortung zu übernehmen - nicht nur nach außen, sondern auch nach innen. Sage Dir bitte: „Es ist passiert, ich kann es nicht mehr rückgängig machen und übernehme auch vor meinem Gewissen die volle Verantwortung. Ich lerne daraus und schaue jetzt nach vorne und korrigiere, was zu korrigieren ist." Sofort wirst Du Dich wesentlich besser fühlen. Denn Verantwortung für sich selbst zu übernehmen, tut so gut! Du fühlst Dich freier und zugleich stärker. Vor Dir selbst und vor anderen. Stell Dir doch einfach mal das Gesicht Deines Chefs vor, wenn Du direkt sagen kannst: „Ja, ich habe einen Fehler gemacht und übernehme die Verantwortung dafür." Glaube mir, allein schon für das Gesicht, das Dein Chef daraufhin machen wird, lohnt es sich, einen solch verantwortungsvollen Satz auszusprechen. Was tun denn die meisten? Sie fangen an, sich zu winden, Ausreden zu erfinden oder die Verantwortung gar komplett zu leugnen und auf andere abzuwälzen. Das kommt beim Gegenüber nie gut an, sorgt bei ihm genauso für Verärgerung, wie innerlich bei Dir. Das Spannende am Übernehmen von Verantwortung ist: Dein Ärger über Deinen Fehler verblasst augenblicklich. Du schaust nach vorne und kannst so neue Möglichkeiten entdecken.

4. Schaue nach vorn und nicht zurück!

Viele ärgern sich über Dinge, die in der Vergangenheit liegen. Kannst Du die Vergangenheit ändern? Nein! Dann ärgere Dich nicht über sie. Häufig höre ich Klient/Innen jammern: „Ach, hätte ich doch bloß damals dieses oder jenes nicht getan." Nur: Du hast es nun mal getan! Und Du hattest mit Deinem damaligen Wissen auch ganz sicher einen guten Grund für Dein Verhalten. Es gibt da den Spruch *„Im Nachhinein bist Du immer schlauer."* Genauso ist es. Wir sind lernende Wesen und jede/r hat im früheren Leben schon Dinge getan, die er/sie mit dem heutigen Wissen gewiss nicht mehr auf diese Weise tun würde. Ich betone: Mit dem heutigen Wissen! Das hattest Du damals noch nicht. Natürlich gibt es nostalgische Momente, in denen wir gedanklich in die Vergangenheit wandern und auch erkennen, dass wir einen Fehler gemacht haben. Das ist in Ordnung, solange es Momente bleiben und sie nicht täglich auftreten. Ärgere Dich nicht darüber, freue Dich eher, dass Du einen vermeintlichen Fehler erkannt hast, denn Du wirst ihn in der Zukunft nicht noch einmal tun. Falls doch, hast Du eben noch nicht genug gelernt. Und da sind wir wieder an dem Punkt: Übernimm Verantwortung!

5. Lache! Es macht glücklich!

Es heißt nicht umsonst: *„Lachen ist die beste Medizin."* Ja, Lachen kann nicht nur seelische, sondern auch körperliche Schmerzen lindern. Spannend ist dabei, dass wir nicht in der Lage sind, zu lachen und uns gleichzeitig zu ärgern. Hm, was ist wohl angenehmer? Natürlich, das Lachen! Wir lachen nicht zu wenig, weil wir keine Lust darauf haben. Wir lachen zu wenig, weil wir alles viel zu ernst nehmen. Hier kannst Du ansetzen. Schau Dir doch mal die Welt aus einer anderen Perspektive an, besonders Dich selbst. Wenn Dir ein Missgeschick passiert und Du bist unversehrt, wieso sich darüber ärgern? Über sich selbst zu lachen, ist doch viel schöner! Ich möchte Dir an dieser Stelle ein Beispiel aus meinem Leben geben: Wir saßen an der Ostsee auf einer Seebrücke, über uns die Möwen. Ich genoss den Moment, schaute so mit leicht schrägem Kopf aufs Meer und plötzlich traf mich etwas von einer Möwe (Du weißt schon was) mitten ins rechte Ohr. Eine eklige Angelegenheit! Doch ich konnte nicht anders, ich schüttete mich aus vor Lachen. Als ich meinem Begleiter, mit denen mir beim Lachen möglichen kommunikativen Signalen mitteilte, was passiert war, krümmten wir uns beide vor Lachen. Wieso auch nicht! Ändern konnte ich es eh nicht mehr, nur reinigen. Das geht auch beim Lachen. Und es ist außerdem eine Geschichte, die andere zum Lachen bringt. Jede/r hat doch solcherlei Ungeschicklichkeiten oder Glücks-"treffer" erlebt, nicht wahr? In meinem Freundeskreis handhaben wir es oft so, dass wir uns nicht nur erzählen, was so alles im Alltag geschieht, sondern wir haben auch die Kategorie: *„Wisst Ihr, was mir wieder passiert ist?"* Meistens lachen wir schon vorher los.

Wenn Du Deine Freunde mit paar lustigen Episoden aus Deinem Leben erheiterst, dann ändert sich Deine Blickrichtung unbewusst auf genau solche Momente – was dazu führt, dass Du lachst. Nimm Dich nicht so ernst und Du wirst sehen, wie amüsant Dein Leben sein kann. Dein Ärger wird automatisch weniger. Und wenn Du Dich wirklich einmal ärgerst, wenn Du traurig bist oder schlechte Laune hast, gebe ich Dir zum Schluss noch einen kleinen Trick mit auf dem Weg. In unseren Wangen gibt es einen Punkt, an dem ganz viele Nervenenden zusammenlaufen, deren Stimulierung dazu führt, dass im Gehirn verstärkt Endorphine, also Glückshormone, ausgeschüttet werden und es uns um vieles besser geht. Diese Punkte werden

Wangenkneifpunkte genannt. Wieso? Ganz einfach und etwas lustig: Wenn im Kinderwagen so ein kleines Wesen ganz unschuldig in die Welt blickt, ist es häufig begeisterten Mitmenschen ausgesetzt, die ihm in die Wange kneifen und ihm ein zartes: „Bist Du aber süß." entgegenhauchen. Was macht das Baby? Es fängt an zu lachen. Das tut es nicht, weil es das so toll findet, sondern weil es ein normaler Reflex ist: - Wangenkneifpunkte stimuliert – Signale ins Gehirn weitergeleitet – Endorphine ausgeschüttet – lächeln. Ganz einfach. Jetzt erwarte ich nicht von Dir, dass Du jedes Mal, wenn Du Dich ärgerst, Deine Wangen kneifst (obwohl es sehr effizient wäre). Denn wenn Du wirklich einen schlechten Tag hattest, sieht am Ende des Tages dann jeder an Deinen Wangen, wie Dein Tag war. Willst Du sicher nicht. Eine hilfreiche Alternative ist es, eine Minute lang zu lächeln. Es kann auch ein Grinsen sein. Kleiner Tipp: Tue es da, wo Dich keiner sieht. Du willst ja die Umwelt nicht verwirren. Nach einer Minute sind so viele Endorphine ausgeschüttet, dass es Dir um ein Vielfaches bessergeht. Ein kleiner Hinweis noch am Rande. Dein Kopf wird sich dagegen sträuben. Der sagt sich: „Du hast Dich darüber geärgert, da gehört jetzt kein Grinsen hin." Auch wenn die Stimme stark ist, sei stärker! Es lohnt sich! Du fragst Dich sicher, wieso das, wenn es so einfach ist, kaum einer weiß. Du hast keine Erfahrungswerte dazu. Schlechte Laune – Mundwinkel nach unten, gute Laune – Mundwinkel nach oben. So hat es die Natur angelegt. Niemals kommst Du von alleine darauf zu lachen oder zu grinsen, wenn Du Dich geärgert hast. Nur wer sagt Dir denn, dass Du immer auf die Natur hören musst? Probiere es aus und Du wirst es selber spüren und Dich dann fragen: „Wieso eigentlich noch ärgern? Wieso noch Konflikte heraufbeschwören?" Deine Welt ist schneller in Ordnung.


Damit möchte ich mich jetzt mit einem Lächeln von Dir verabschieden. Ich wünsche Dir ganz viel Erfolg beim Verstehen

und Lösen von Konflikten (falls Du überhaupt noch welche hast).
Und denke öfter mal: „Lass gut sein!"

Deine Katrin

## Danksagung

Ein Buch zu schreiben macht nicht nur Spaß, es ist auch eine Entdeckungsreise. Dass ich das so empfinde, verdanke ich natürlich nicht nur mir, sondern Menschen, denen ich hiermit danke sagen möchte.

Ein besonderes Dankeschön geht an die Autorin und Rednerin Nicki Pawlow für das Lektorat. Ebenso dankbar bin ich den Lesern des Manuskriptes: Steffi, Silvana, Ralf und meine Mutter. Ihr alle ward eine enorme Hilfe mit Euren Hinweisen.

Danke an die vielen wunderbaren Wissenschaftler/Innen und Autor/Innen, die meinen Wissensdurst immer wieder stillen. Was würde ich nur ohne Euch machen!

Danke an meine Seminarteilnehmer/Innen und Klient/Innen. Ihr habt mir gezeigt, wie wichtig es ist, Unterstützung zu bekommen und die möchte ich Euch von Herzen geben.

Danke an meine Querulanten. An Euch durfte ich üben. Ihr habt mich zwar auch Nerven gekostet, jedoch konnte ich nur durch Euch lernen. Der Umgang mit Euch hat mich stärker gemacht, auch wenn das nicht Euer Anliegen war. Danke dafür.

Danke an meine Eltern und an meine Familie. Durch Euch bin ich so, wie ich bin. Ich durfte mich entwickeln, mich ausprobieren und selbstständig werden. Ihr steht immer hinter mir. Und das Wichtigste ist: Wir hatten keine wirklichen Konflikte, so dass ich mich mit und bei Euch immer entspannen konnte und kann - als Kind, wie auch als Erwachsene.

Danke an meine Freunde, u.a. an Inge, Stefan, Dani, Bert, Marianne, Ralf, Klaus und Patrizia. Ihr habt mir Tipps und die mentale Kraft gegeben, immer vorwärts zu gehen, egal, wie es gerade lief. Mit Euch kann ich philosophieren, lachen, entspannen und das Leben genießen. Und genau das brauche ich nicht nur für das Buch, sondern auch für meine Arbeit und das Leben. Danke Euch von Herzen!

Und danke an all die vielen Menschen, die mir vertrauen!

Danke!

## Über die Autorin

Katrin Gerlach studierte in Leipzig Magister „Erziehungswissenschaft" mit den Nebenfächern „Psychologie" und „Betriebswirtschaft". Weiterhin nahm Sie an Weiterbildungen zu den Methoden „Coaching" und „erlebnisorientiertes Lernen" teil.

Sie kann auf 20 Jahre Erfahrungen in den Bereichen Personalauswahl, Personalentwicklung und Unternehmensberatung in Firmen verschiedener Branchen zurückblicken. Diese langjährigen Erfahrungen und ihr fundiertes Wissen und Können in Pädagogik, Psychologie und BWL bereichern ihre Workshops, Beratungen, Seminare und Coachings.

In dieser Zeit wurde ihr auch immer mehr bewusst, dass ihr besonderes Interesse Menschen galt, die durch Konfliktsituationen, besonderen Belastungen ausgesetzt waren. Um besonders ihnen zu helfen, befasste Sie sich viele Jahre zunehmend mit dem Thema Stress- und Konfliktmanagement.

Das schönste Geschenk für sie ist, einen Klienten wieder lachen und unbelastet zu sehen.

# Quellenangaben

http://www.zeitzuleben.de/die-sache-mit-der-wahrheit/

Deborah Tannen: Du kannst mich einfach nicht verstehen: Warum Männer und Frauen aneinander vorbeireden, Goldmann 1993

Paul Watzlawick: Anleitung zum Unglücklichsein, Piper Verlag GmbH München 1998

Paul Watzlawick: Wie wirklich ist die Wirklichkeit, Piper Verlag GmbH München 2014

Antonio R. Damasio: Descartes Irrtum, Ullstein Buchverlage GmbH Berlin 2015

Antonio R. Damasio: Der Spinoza-Effekt, Ullstein Buchverlage GmbH Berlin 2014

Friedemann Schulz von Thun: Miteinander reden 1, Rowohlt Taschenbuch Verlag 2010

Anna Freud: Das ich und seine Abwehrmechanismen, Kindler Verlags GmbH München 2016

Sigfried Gsell: EQ schlägt IQ, Heimdall 2008

Anselm Grün: Grenzen setzen - Grenzen achten: Damit Beziehungen gelingen - Spirituelle Impulse, Herder-Verlag 2007

Fritz B. Simon: Einführung in die Systemtheorie des Konfliktes, Carl-Auer Verlag GmbH Heidelberg 2015

Thomas Schmidt: Konfliktmanagement-Trainings erfolgreich leiten, managerSeminare Verlags GmbH 2009

Roger Fisher, William Ury, Bruce Patton: Das Harvard-Konzept, Campus Verlag GmbH Frankfurt/Main 2004

Annegret Hugo-Becker, Henning Becker: Psychologisches Konfliktmanagement, Deutscher Taschenbuch Verlag GmbH & Co. KG 2000

Vera F. Birkenbihl: Jeden Tag weniger ärgern, mvgVerlag 2016